JN023776

得意を活かす英単語帳シリーズ Ⅱ

for スポーツファン・体育会系学生

スポーツから学べる

らくらく

英単語読本

TOEIC対応！777語収録

小林一夫

Kazuo Kobayashi

Parade Books

読者の方々へ

「意外で面白いキャッチコピー」をまず読もう

　一般的に言って、英単語の本を最後まで読み通すことは難しいといってよいでしょう。一つの英単語をマスターする、一ページ読むだけでもかなりのエネルギーが必要となります。

　このため本書では、最初に日本語のキャッチコピー（四角で囲った部分）を置き、スポーツで日常的に使われているカタカナ語の一般的な英語の意味をはじめとして、その変化形、類語などをエピソード的に紹介しています。まず、ここから読んでください。これならかなり簡単ですが、それでも相当に大きなご利益があります。多くの単語の意味をイメージ的にも掴むことができ、スポーツ用語に対する理解、関連する常識・ウンチクも大いに深まるでしょう。

　その上で、興味や理解に応じて、英単語やその用例が記載されている部分に進んでいただければよいです。

　さらに、付け加えれば、英単語には使用頻度（星印の部分）が明示されていますので、初学者は※印部分を、大学・TOEIC受験者などは☆印、★印部分に重点的に取り組んでいただきたいと思います。

　またいうまでもなく、英単語の意味は大方多様ですが、ここでは、最初に記載されたものをしっかりと理解していただければと思います。

　また、動詞などは多くは自動詞・他動詞がありますが、ここでは多く使われるものを基本としています。

　著者としては、読者がスポーツで使われるカタカナ語が、意外にも多くの重要単語とつながっていることに驚き、最終ページまで行き着くことを何よりも念願する次第です。

　余談ともなりますが、本書に収録されている英単語は、800語近くあります。これを電話番号のように機械的に記憶するには、超人的な努力を要することは言を待ちません。

著者　小林一夫

注）単語の重要頻度　　※…基本単語　☆…重要単語　★…次位重要単語

目次

1 競技者・選手など

001 プロ［プロフェッショナル］── 職業選手、スポーツ競技などを職業とする者

プロ［プロフェッショナル］は「専門家、職業の」、プロフェスは「公言する」だ。プロフェッサーとなれば大学教授である。さらに、コンフェスとなれば「告白する」、コンフェッションは「告白」である。映画通ならジョージ・クルーニー監督の傑作、「コンフェッション」に覚えがあろう。

☆ professional［プロフェショナル］

　名 専門家・くろうと、職業選手
　形 職業の・知的（専門的）職業の、プロの・本職の
　a professional man　専門家（医師、弁護士等）、知的職業人
　a professional golfer　プロゴルファー
　── ★ profess［プロフェス］

　　　他動 公言する・告白する、職業とする（～の知識・技能があると公言する）
　　　profess one's love　愛を告白する
　　　profess law　法律（弁護士）を業とする

語源 pro＝before（前に）：fess＝speak（言う）→公然と言う、公言する
類語

★ confess［コンフェス］「con＝together（共に）：fess＝speak（言う）」
　他動 告白する・白状する、認める
　She confessed that she liked him.　彼女は彼が好きだと告白した。
　I confess my fault.　私は自分の誤ちを認めます。
　── ★ confession［コンフェション］
　　　名 告白
　　　He made a full confession to the policeman.

5

彼は警官にすっかり白状した。

─── ☆ profession [プロフェション]

名 職業（主に専門職）、公言・告白

He is a doctor by profession.　彼は職業は医者だ。

a profession of love　愛の告白

─── ☆ professor [プロフェサ]

名 教授、告白者

Professor Einstein　アインシュタイン教授

a professor of Catholicism　カトリック信仰の告白者

002 アマ［アマチュア］── スポーツなどを職業としないで楽しむ者。スポーツ愛好家

アマ［アマチュア］は「愛好家」。語源は歌などの作品によく用いられている「アモーレ」（愛）だからわかり易い。少し古いが、中森明菜のヒット曲「ミ・アモーレ」を用例としてつけておこう。さらに言えば、意外にもこれは、愛を否定することから、エニミィ（敵）にもつながっている。

★ amateur [アマチュア]

名 しろうと・愛好家

He is just an amateur.　彼は全くのしろうとだ。

an amateur painter　しろうと画家

語源 amare＝love(愛)より、lover(愛する人)の意

類語

amatory [アマタリ]

形 恋愛の

an amatory look　色目

amiable [エイミャブル]

6

形 かわいらしい

an amiable girl　かわいらしい娘

amicable [アミカブル]

形 友好的な

in an amicable way　友好的に

amorous [アマラス]

形 恋の・好色な

amorous poetry　恋愛詩

amity [アミティ]

名 友好・親善

a treaty of amity　友好条約

☆ enemy [エネミ]「en＝not、愛していない者の意」

名 敵

He has many enemies.　彼は敵が多い。

---

003 レギュラー ── レギュラー・プレーヤーの略で正選手

レギュラーは「正規の・正選手」、イレギュラーは「不規則な」である。
レギュレートとなれば「規制する」で、最近はやりのレギュレーション
（規制）がここから出てくる。さらに、リージョンとなれば「地方」、
レインとなれば「治世・統治」など意外な言葉がつながっている。

☆ regular [レギュラー]

形 規則正しい、正規の、標準の

a regular way of life　規則正しい生活

a regular member　正会員

regular size　標準サイズ

名 正規兵、正選手、常連

語源 reg（正しい→正しく調整する・治める、王）より

類語

☆ **region** [リーヂョン]「治める地域の意」

　名 地方・地域、領域

　industrial regions　工場地帯

　the region of science　科学の領域

　└ ★ **regional** [リーヂョナル]

　　　名 地方の・地域の

　　　the regional wines of France　フランスの各地方のぶどう酒

★ **reign** [レイン]「治めるの意」

　名 治世・統治

　under the reign of Queen Elizabeth　エリザベス女王の統治の下に

regent [リーヂェント]「治めることの意」

　名 摂政・統治者

　the Prince of Regent　摂政皇太子

　└ **regency** [リーヂェンスィ]

　　　名 摂政政治・摂政の職

regal [リーガル]

　名 王の・王にふさわしい

　regal government　王政

Regina [リヂャイナ]

　名 現女王

　Elizabeth Regina　エリザベス女王

　└ ★ **regulate** [レギュレイト]

　　　他動 規制する、調整する

　　　regulate the traffic　交通を整理する・取り締る

　　　regulate a clock　時計を調整する

　　　└ ☆ **regulation** [レギュレイション]

　　　　　名 規制・調整、規則

the regulation of prices　物価の規制

traffic regulations　交通法規

★ irregular [イレギュラ]

形 不規則な、ふぞろいな

irregular verbs　不規則動詞

irregular teeth　並びの悪い歯

004 サブ [サブスティチュート] ── サブスティチュートの略で補欠

サブ [サブスティチュート] は「補欠・代用品」だ。協会、学会などの名称としてよく使われるインスティチュート (協会)、目下きわめて注目を集めているコンスティチューション (憲法・構成) につながっている。

☆ substitute [サブスティテュート]

名 代用品・代理人・補欠

There is no substitute for you.　君の代わりがつとまる人はいない。

他動・自動 代わりをする

substitute margarine for butter　バターの代わりにマーガリンを使う

語源 sub (〜の代わりに)：stitute＝set (置く)→〜の代わりに置く

類語

☆ institute [インスティテュート]「in＝on (〜の上に)：stitute＝set (置く)→〜を設立する」

他動 設立する・制定する

institute a society　会を設立する

名 学会・協会、研究所・(理工系の)大学

the institute of lawyers　法律家協会

Massachusetts Institute of Technology (MIT)
　マサチューセッツ工科大学

└─ ☆**institution** [インスティテューション]

　　名 設立・制定、制度、学会・協会

　　the institution of a new law　新法の制定

　　customs and institutions　習慣と制度

　　an educational institution　教育機関（学校）

★ **constitute** [カンスティテュート]「con＝together（共に）：stitute＝set

　（置く）→組立てる、制定する」

　　他動 構成する、制定する・設立する

　The parts constitute the whole.　部分が全体を構成する。

　constitute a committee　委員会を設置する

　　└─ ☆**constitution** [カンスティテューション]

　　　　名 構成、体質、憲法

　　　　the constitution of nature　自然の構成

　　　　by constitution　生まれつき

　　　　the Constitution of Japan　日本国憲法

　　　　└─ ★**constitutional** [カンスティテューショナル]

　　　　　　形 生来の、憲法上の

　　　　　　a constitutional weakness　生まれつきの病弱

　　　　　　constitutional government　立憲政治

└─ ★ **substitution** [サブスティテューション]

　　名 代用

005 キャップテン ─ チームの主将

キャプテンはチームの「頭」。キャピタルとなれば「首都・大文字・資本、主要な」である。キャピタルはよくホテルなどの名称につかわれているが、近年、最も注目されているのはキャピタル・ゲイン（資本利得）だろう。キャピタリズムは言うまでもなく「資本主義」である。地名によく用いられるケープとなれば「岬」、キャップは言

※captain［**キ**ャプテン］

> **名** 長（指導者、主将）、船長・機長、陸軍大尉・海軍大佐
>
> a captain of industry　大企業主、大実業家
>
> the captain of a ship　船長

語源 cap＝head（頭）より

類語

※capital［**キ**ャピタル］

> **形** 主要な、大文字の、資本の
>
> a capital city　首都
>
> a capital letter　頭文字、大文字
>
> capital gains　資本利得・キャピタルゲイン
>
> **名** 首都、大文字、資本（金）
>
> Tokyo is the capital of Japan.　東京は日本の首都である。
>
> Write the alphabet in capitals.　アルファベットを大文字で書きなさい。
>
> Health is my only capital.　健康が私の唯一の資本だ。

　── **capitalist**［**キ**ャピタリスト］

> > **名** 資本家・資本主義者
> >
> > capitalist countries　資本主義国

　── **capitalism**［**キ**ャピタリズム］

> > **名** 資本主義

☆cape［**ケ**イプ］

> **形** 岬
>
> the Cape of Good Hope　喜望峰

※cap［**キ**ャップ］

> **名** 帽子
>
> put on a cap　帽子をかぶる
>
> **他動** 帽子をかぶせる・ふたをする

cap a bottle　びんにふたをする

└─ ★handicap [ハァンディキァプ]「hand in cap という帽子に手を突っ
　　込むくじ引き遊びより」

　　名 ハンディキャップ・不利な条件

under a handicap　不利な条件で

　　他動 ハンディキャップをつける・不利な条件を負わせる

In future we'll not be handicapped by age.
　　将来は年齢で不利になることはないでしょう。

006 ベテラン ── 老練な選手

ベテランは「古参兵」。ベテランズ・デーとなれば米国の休戦記念
日・退役軍人の日である。第一次世界大戦の終結に伴い休日に設
定された。

★veteran [ヴェテラン]

　名 老練な人、古参兵

He was a veteran of the stage.　彼は舞台経験が豊富だった。
veterans of two World Wars　二つの世界大戦を経験した古参兵

　形 老練な・経験豊かな

a veteran teacher　老練な教師

└─ Veterans Day [ヴェテランズデイ]

　　名 米 退役軍人の日・休戦記念日（11月11日）

007 ルーキー ── 新人選手

ルーキーは俗語で「新兵・新米」。お馴染みのリクルート（募集・回
復、新兵などを入れる）が転化したもので、最近ではルーキーイ
ヤー、スーパールーキーなどと使われている。ルーキー・オブ・ザ・

イヤーとなれば「新人王」である。

rookie [ルーキー] [recruit の転化]

  名 (米俗) **新兵、新米、新人選手**(プロ野球、フットボールなど)

  └ recruit [リクルート]

  他動 (軍隊・団体などに)**新兵(新会員)などを入れる・募集する、回復する**

  recruit student workers　アルバイト学生を募集する

  recruit one's health　健康を回復する

  名 **新会員・新兵・新米**

  gain a few recruits to one's party

  　自分の党へ数人の新党員を獲得する

008 チャンピオン ── 選手権保持者

チャンピオンは「選手権保持者」、キャンペーン、キャンプにつながっている。元来は、部族間の紛争解決の際に行われていた野原での一騎打ちの代表者を指していたと聞く。

☆ champion [チァンピオン]

  名 **優勝者・選手権保持者、**(主義・主張などの)**擁護者・闘士**

  a tennis champion　テニス選手権保持者

  a champion of peace　平和の擁護者

  他動 **〜のために戦う・〜を擁護する**

  champion the cause of peace　平和のために戦う

語源 campus(野原、戦場)より、戦場に出る者の意

類語

※ camp [キァンプ]

  名 (軍隊、旅行などの)**野営(地)、キャンプ場**

be in the same camp　同じ陣営（派）に属している

自動 キャンプする、野営する

└─☆ campus [キァンパス]

名 （大学などの）敷地・構内・校庭

☆ campaign [キァンペイン]「軍隊の演習に適した広い野原が原義」

名 戦闘、運動・キャンペーン

the Waterloo campaign　ワーテルローの戦い

an election campaign　選挙運動

自動 （政治、選挙などの）**運動をする**

We campaigned for the fund.　我々は募金運動をした。

---

009 レコード・ホールダー ── 記録保持者。選手権（タイトル）を持つ者はタイトル・ホールダー

レコード・ホールダーは「記録保持者」、レコードは「記録・経歴・レコード」である。アコードとなれば「一致・調和、一致する」で、ホンダの名車「アコード」につながっている。ホールダーは「保持者」、ホールドは「保つ」だ。バスケットなどのホールディングはお馴染みだろう。そういえば、強盗のホールド・アップもある。なかなかに感じが出ている言葉ではないか。

※ record [名・レカド；動・リコード]

名 記録、経歴・成績、レコード

off the record　（談話などが）非公式で、オフレコで

school records　学業成績

play a record　レコードをかける

他動 記録する、〜を示す

I recorded his speech.　私は彼の演説を書きとめた。

The thermometer records 20℃.　温度計は摂氏20度を示している。

語源 re＝again：**cord**＝heart（心）→心に呼び戻す→記憶する、記録する
類語

★ accord［アコード］「ac＝to：cord＝heart（心）→心の方向に、一致」

　　名 一致・調和

　　with one accord　一致して、こぞって

　　自動 一致する・調和する

　　accord with one's hopes　希望に添う

　──★ accordance［アコーダンス］

　　　　名 一致・調和

　　　　in accordance with custom　習慣に従って

　──★ according［アコーディング］

　　　　副 ～に従って

　　　　according to the Bible　聖書によれば

　　　　We will pay you according as you work.

　　　　　働きに応じて支払いましょう。

　　　──★ accordingly［アコーディングリ］

　　　　　　副 それゆえに・従って

　　　　　　I accordingly gave up smoking.

　　　　　　　それゆえ私は禁煙した。

★ cordial［コーヂャル］「cord＝heart（心）：ial＝形容詞語尾」

　　形 心からの・親切な

　　a cordial welcome　心からの歓迎

　──　cordially［コーヂャリ］

　　　　副 心から

　　　　Cordially yours　敬具（手紙の結びの言葉）

★ discord［ディスコード］「dis＝apart：cord＝heart（心）→心に合わない」

　　名 不一致・不和

　　The son is in discord with his parents.

　　　その息子は両親とうまくいっていない。

自動 〜と調和（一致）しない

　　── discordance [ディスコーダンス]

　　　　名 不一致・不調和

concord [カンコード]「con＝together：cord＝heart(心)→同じ心で」

　名 一致

in concord　一致して、仲よく

　　── recorder [リコーダ]

　　　　名 記録者、録音機・レコーダー

★holder [ホウルダ]

　名 支える物・入れ物、保有者・所有者

a pen holder　ペン軸

the holder of power　権力を握る人

　── ※hold [ホウルド]

　　他動/自動 (held, held)持つ・つかむ、保つ、催す／持ちこたえる・持続する、〜のままでいる

　　I held her by the sleeve.　私は彼女のそでをつかんだ。

　　Hold the line, please.　（電話で）このままお待ち下さい。

　　hold a meeting　会を催す

　　The bag is so old that it will not hold.

　　　そのかばんは古すぎてもうもたないでしょう。

　　hold still　じっとしている

　　名 握ること、支配力

語源 hold(持つ、保つ)

類語

★uphold [アプホウルド]

　他動 (upheld, upheld)支える、支持する

　uphold the roof　屋根を支える

　uphold the movement　運動を支持する

behold [ビホウルド]「be＝接頭辞（眺めの中につかむ）」

他動（beheld, beheld）**見る**

It was beautiful to behold. それは見て美しかった。

withhold [ウィズホウルド]「with＝back 」

他動（withheld, withheld）**引き止める、保留する**

The heavy rain withheld us from going out.

その大雨で私たちは外出を取り止めた。

withhold payment 支払いを保留する

holdup [ホウルダップ]

名（銃を突きつけての）**強盗・ホールドアップ**

010 MVP [（モースト）・ヴァリュアブル・（プレーヤー）] ── 最優秀選手

バリュアブルは「価値のある」、バリューは「価値」だ。ネームバリューなどバリュー（価値）は結構使われているが、最近ことに注目されているのがバリューチェーン（価値連鎖）だろう。今や世界の経済を左右している。同系語のプリヴェイル（流行する）、アベイラブル（役に立つ）、ヴァリッド（正当な）などもかなり大切な言葉だ。

☆valuable [ヴァリュアブル]

形 価値のある・高価な、貴重な

valuable pictures 高価な絵

valuable information 貴重な情報

──※value [ヴァリュー]

名 価値、値段・価格

be of value 価値がある

market value 市場価格

他動 評価する、尊重する

value a picture at ¥100,000 絵を十万円と評価する

I value health above wealth.　私は富より健康を重んじる。

語源 val＝strong（強い）、worthy（価値がある）より

類語

★ prevail［プリヴェイル］「pre＝before（〜よりむしろ）：vail＝val（強い）→
　　　より強い」

　　自動 広く行き渡る・流行する、勝つ

　　Colds prevail in winter.　冬は風邪がはやる。

　　Good will prevail.　善はいずれ勝つ。

　── ★ prevailing［プリヴェイリング］

　　　　形 広く行き渡っている・優勢な

　　　　the prevailing fashion　今もっぱらの流行

　── ★ prevalent［プレヴァラント］

　　　　形 広く行き渡っている、流行の

　　　　prevalent customs　世間一般の慣習

　　　　Influenza is prevalent throughout the country.

　　　　　流感が全国に流行している。

★ valiant［ヴァリャント］「vali＝val（強い）：ant＝形容詞語尾」

　　形 勇敢な・雄々しい

　　valiant deeds　英雄的行為

★ valid［ヴァリッド］「val（強く、価値がある）：id＝形容詞語尾」

　　形 正当な・合法的な、根拠のある

　　a valid marriage　合法的な結婚

　　valid arguments　根拠のある議論

　── ★ validity［ヴァリディティ］

　　　　名 正当性・有効性

　　　　the term of validity　有効期間

　── ★ invalid［インヴァリッド］「in＝not：valid（強い）」

　　　　形 病弱な

　　　　his invalid sister　彼の病弱な妹（姉）

名 病弱な人・病人

an invalid home　療養所

他動・自動 病弱にする

be invalided　病身になる

☆ evaluate [イヴァリュエイト]「e＝out：val（価値がある）：ate＝動詞語尾」

他動 評価する

└─ ★ evaluation [イヴァリュエイション]

名 評価

avail [アヴェイル]「a＝to（～にとって）：vail＝val（価値がある）」

自動・他動 役に立つ

No words will avail to comfort him.

どんな言葉も彼を慰めるには役には立たないでしょう。

名 有益・効用

be of no avail　全く役に立たない

└─ ☆ available [アヴェイラブル]

形 役に立つ・有効な

a ticket available for ten days　10日間有効な切符

├─ ★ valuation [ヴァリュエイション]

名 評価

at the highest valuation　最も高く評価して

└─ ★ invaluable [インヴァリュアブル]

形 価値を知れないほどの・極めて貴重な

Her services are invaluable to me.

彼女の働きは私にとって評価できないぐらい貴重である。

011 コーチ ── 指導者

コーチは「大型馬車・駅馬車・普通列車・家庭教師、指導する」だ。
大型馬車が指導（コーチ）に転化したのは、コーチを「人を目的地

に運ぶ道具」と見たてたことによると聞く。

★ coach [コウチ]

（名）公式馬車、普通列車・長距離バス（米）・客車（英）、家庭教師・コーチ

a mail coach　郵便馬車

travel by coach　バス旅行する

（他動・自動）指導する

I coach him in tennis.　私は彼にテニスを指導する。

─── coacher [コウチャ]

（名）指導者・コーチ

─── coachman [コウチマン]

（名）(馬車の)御者

012 トレーナー ── 選手の肉体的コンディションを訓練・調整する人

トレーナーは人を引っ張る「訓練係」、トレインは「訓練する、列車・列」である。トレイルとなれば「引っ張る」、トレースは「(引っ張った) 跡」、トラクトは「土地の広がり・地域」だ。自動車のトレーラー、スケートのトレース、耕作用の「トラクター」などをご案内の向きもあろう。いづれも引きずる感じがよくわかる言葉だ。

★ trainer [トゥレイナ]

（名）訓練係、調教師

──※ train [トゥレイン]

（他動）訓練する・きたえる

He trained the horse for a race.

彼はその馬をレース用に訓練した。

（名）列車、列、連続

an express train　急行列車

a train of wagons　幌馬車の列

a train of events　一連の事件

語源 trail＝draw（引く、引きずる）より

類語

☆ trail [トゥレイル]

　　他動・自動 引きずる

　　trail one's skirt　（長いスカートで）すそを引きずっていく

　　名 跡・形跡

　　the trail of blood　点々と続く血こん

　　└─ ★ trailer [トゥレイラ]

　　　　　名 引く人（物）、（自動車などの）トレーラー

☆ trace [トゥレイス]「引っ張った跡」

　　名 跡・形跡

　　We came across traces of bears.　我々はくまの足跡に出会った。

　　他動 跡をたどる、線を引く

　　trace a chief　どろぼうを追跡する

　　trace a map　地図をトレースする

　　└─ ★ tracer [トゥレイサ]

　　　　　名 追跡者、模写者、トレーサー

★ trait [トゥレイト]「引っ張られた跡」

　　名 特性・特色

　　national traits　国民性

★ tract [トゥラァクト]「外のほうに引きずるが原義」

　　名 土地の広がり・地域

　　a large tract of land　広大な地域

　　└─ ★ tractor [トゥラァクタ]

　　　　　名 トラクター・牽引車

　　　└─ ☆ training [トゥレイニング]

　　　　　　名 訓練・トレーニング

└─ **trainee** [トゥレイニー]

　🈂 訓練生・見習い・トレーニー

013 マネージャー ─── チーム・選手・競技などに関する業務・事務などを管理する人

マネージャーは「支配人・経営者」、マネージは「取り扱う・管理する」、マネージメントは「管理」だ。マニュアル、マニキュア、マニファクチャー（製造業）、マナーなど結構多くの言葉につながっている。

※ **manager** [マァネヂャ]

　🈂 支配人・経営者、監督・部長、マネージャー

　a general manager　総支配人

　a sales manager　販売部長

└─ ☆ **manage** [マァネッヂ]

　　🈢 取扱う、経営（管理）する

　　manage a machine　機械を取扱う

　　manage a firm　商店を経営する

語源 manu＝hand(手、手で扱う、扱う)より

類語

★ **manual** [マァニュアル]「manu(手)：al＝形容詞語尾」

　🈠 手の・手でする

　manual labour　手仕事、肉体労働

　🈂 手引・便覧・マニュアル

　a teacher's manual　教師用手引

☆ **manufacture** [マァニュ**ファ**クチャ]「manu(手)：fact＝make：ure＝名詞語尾→手でつくること」

　🈂 製造・製造業

　iron manufacture　鉄工業

　🈢 製造する

manufacture leather into shoes　革を靴に仕上げる

──☆**manufacturer**［マァニュ**ファク**チャラ］

　　　名 製造業者・メーカー・工場主

★**manuscript**［マァ**ニュ**スクリプト］「manu（手）：script（書く）」

　名 原稿・写本

　a pen-written manuscript　ペン書きの原稿

　形 原稿の・手書きの

　a manuscript map　手書きの地図

※**manner**［**マァ**ナ］「扱う方法の意」

　名 方法、態度、（～s）行儀、（～s）風俗・習慣

　one's manner of life　生活様式

　I don't like his manner.　私は彼の態度が気にいらない。

　He has good manners.　彼は行儀が良い。

　manners and customs of the English　イギリス人の風俗習慣

manicure［マァ**ニ**キュア］「mani：manu（手）：cure＝care（手入れ）」

　名 マニキュア

manipulate［マァ**ニ**ピュレイト］「mani：manu（手）：pulate（満たす）→手ぎ
わよく扱う」

　他動 たくみに取扱う・操作する

　manipulate tools　道具をうまく扱う

──☆**management**［マァ**ネッ**ヂメント］

　　　名 管理・経営・取扱い、経営者・管理者

　　　personnel management　人事管理

　　　a strong management　強力な経営陣

2 試合・ゲーム関係

014 (タイトル)マッチ ── 選手権試合

マッチは「試合・好敵手」のほか「似合うもの、匹敵する・似合う」の意があることに注意しよう。確かに、試合のタイトルも大切だが、服装のマッチも今日び欠かせない。マッチレスとなれば「無比の」である。最近では、人と人とを組み合わせるマッチングビジネスが大盛況と聞く。

※ match [マァッチ]

名 試合、好敵手、似合った人・似合う物(マッチするもの)

I played a match at tennis against him.

私は彼とテニスの試合をした。

He is no match for you in English.

彼は英語で君の足下にもおよばない。

The tie is a good match for your coat.

そのネクタイは君の上着によく似合う。

他動 ～に匹敵する、似合う(マッチする)

No one matches him in English.　英語で彼にかなうものはない。

Her necklace does not match her dress.

彼女のネックレスはドレスに似合わない。

matchless [マァチレス]

形 無比の

015 エキシビション(マッチ) ── 公開模範試合

エキシビションは「展示・展示会」、エクジビットは「示す・公開する」である。やや難しいが、エクスィビショニズムは「露出狂・自己顕示欲」、プロヒビットとなれば「禁じる」、ハビットとなれば「習慣・

癖」である。

☆ exhibition［エクスィビション］

名 展示（会）、示すこと

an art exhibition　美術展覧会

an exhibition of bravery　勇気を示すこと

└─ ☆ exhibit［エグズィビット］

他動 示す、公開する・展示する

He exhibited anger.　彼は怒りを表した。

This film was first exhibited last year.
　この映画は昨年初めて公開された。

語源 ex＝out：hibit＝hold（保つ）、have（持つ）→外に保つ、示す
類語

★ prohibit［プロ（ウ）ヒビット］「pro＝before：hibit＝hold→人の前に持つ
→邪魔をする」

他動 禁じる、妨げる

Smoking is prohibited here.　ここでは禁煙です。

An accident prohibited him from coming.
　彼は事故で来られなかった。

└─ ☆ prohibition［プロウイビション］

名 禁止・禁止令

the prohibition of the sale of guns　銃の販売禁止

☆ habit［ハァビット］「habit＝hold（保つ）、have（持つ）→保ち続ける」

名 習慣・癖

A habit is second nature.　習慣は第二の天性。《諺》

他動 装う、（英古語）～に住む

be habited in　～を着ている

└─ ★ habitual［ハビチュアル］

形 習慣的な・いつもの

a habitual joke　いつもの冗談

────　habitation［ハビチュ**エ**イション］

　　名 住居・住みか

　　a house fit for habitation　住める家

★ inhabit［イン**ハ**ァビット］

　　他動 住む

　inhabit a town　町に住む

────☆ inhabitant［イン**ハ**ァビタント］

　　　名 住人・居住者

　　The town has 20,000 inhabitants.

　　　その町の住人は2万人である。

　inhibit［イン**ヒ**ビット］「in＝in：hibit＝hold→内に入れて置く→抑える」

　　他動 抑える・妨げる

　The paint inhibits rust.　塗料はサビを抑える。

────　exhibitionism［エクス**ィビ**ショニズム］

　　　名 自己顕示欲、露出症

────　exhibitor［エグ**ズ**ィビタ］

　　　名 出品者

016 コンペ［コンペティション］── 競技会、試合

コンペ［コンペティション］は「競争・競技会」、コンピートは「競走する」、コンペチターは「競争相手」だ。リピートとなれば「繰り返す」で、ご案内の通り、近年、観光や催し物などにおいてリピーター（再訪者）がことに大切とされている。近頃ではかなり一般的ともなっているアペタイザー（食前酒）、さらにはアペタイト（食欲）を添えておこう。

☆ competition［カンペティション］

名 競争、競技（会）

in competition with　〜と争って

a skiing competition　スキー競技会

─── ★ compete ［コンピート］

　　　　自動 競争する、匹敵する

　　　　compete with a person for a prize　人と賞を争う

　　　　Nothing can compete with this in quality.

　　　　　品質でこれに勝るものはない。

語源 com＝together（共に）：**pete**＝seek（求める）→ある物を得んと求め合う

類語

★ appetite ［アペタイト］「ap＝to：pet＝pete（求める）：ite＝名詞語尾」

　　名 食欲、欲望

　　loss of appetite　食欲不振

　　an appetite for reading　読書欲

　　─── appetizer ［アペタイザ］

　　　　名 （食前酒など）**食欲を促すもの・アペタイザー**

　　　　Hunger is a good appetizer.　空腹は人の食欲を進める。

★ petition ［ペティション］「peti＝pete（求める）：tion＝名詞語尾」

　　名 請願・請願書

　　We signed the petition.　我々はその請願書に署名した。

　　他動 請願する・嘆願する

　　petition the government for　〜を政府に請願する

※ repeat ［リピート］「re＝again：peat＝pete（求める）→再び求める→繰り
　返す」

　　他動 繰り返す

　　repeat an error　誤りを繰り返す

　　─── ★ repetition ［レピティション］

　　　　名 繰り返し

competitor［コンペティタ］

名 競争者・コンペチター

★competent［カンペテント］

形 有能な、十分な

He is competent for the work.

彼はその仕事をする能力がある。

He has a competent knowledge of English.

彼は英語の十分な能力をもっている。

★competence［カンペテンス］

名 能力

I doubt his competence for the work.

彼にその仕事ができるかどうか疑問です。

017 イベント ── 試合、競技種目。エベントともいう

イベントは「試合・競技種目・行事」である。プロボクシングなど
のメーンイベントがわかり易い用例だろう。これがインベントとな
れば「発明する」、プリベントとなれば「邪魔をする」だ。さらに、
ベンチャービジネスのベンチャー（冒険・投機）、ゲームのアドベ
ンチャー（珍しい出来事・冒険）、コンベンションホールのコンベン
ション（集会・会議）などにもつながっている。

☆event［イヴェント］

名 出来事・事件・行事、（スポーツ）種目

school events　学校行事

field events　（陸上競技の）フィールド種目

語源 e＝out(外へ)：**vent**＝come, go→外に出る、あらわれる、起こる

類語

advent［アドヴェント］「ad＝to：vent＝come→来ること」

名 (重大な人・事件の)**到来・出現**

since the advent of guns　鉄砲の伝来以降

Advent　キリスト降臨節、キリスト降臨

――☆ **adventure** [アドヴェンチャ]

　　名 **珍しい出来事・異常な事件、冒険**

　　a story of adventure　冒険小説

　　他動 **冒険する**

☆ **venture** [ヴェンチャ]「adventure の前を略した短縮形」

　名 **冒険、投機**

　He is ready for any venture.　彼はどんな冒険も辞さない。

　a profitable venture　有利な投機

　他動 **危険にさらす、思い切って~する**

　Nothing ventured, nothing have.　虎穴に入らずんば虎児を得ず。《諺》

　venture a dive　思い切って飛び込む

☆ **invent** [インヴェント]「in＝on：vent（来る）→出合う→見つける」

　他動 **発明する、(つくり話などを)でっちあげる**

　Edison invented many useful things.

　　エジソンは多くの役に立つものを発明した。

　invent a story　話をでっちあげる

――☆ **invention** [インヴェンション]

　　名 **発明・発明品**

　　Necessity is the mother of invention.

　　　必要は発明の母。《諺》

――☆ **inventor** [インヴェンタ]

　　名 **発明者・考案者**

※ **prevent** [プリヴェント]「pre＝before（前に）：vent（行く）→~の前にゆく
　→さまたげる」

　他動 **邪魔をする・~をさまたげる、防ぐ**

　The snow prevented him from going out.

　　彼は雪で外出できなかった。

prevent diseases　病気を予防する

└──★ **prevention** [プリヴェンション]

　　　名 **防止・予防**

　　　Prevention is better than cure.　予防は治療にまさる。《諺》

☆ **convention** [コンヴェンション] 「con＝together：vent（来る）：tion＝
　　名詞語尾→ともに来ること、集合すること」

　　名 **集会・会議、協定、習慣**

　　a party convention　党大会

　　the Geneva Conventions　ジュネーブ協定

　　the conventions of everyday life　日常生活のしきたり

　└──★ **conventional** [コンヴェンショナル]

　　　　形 **慣習的な・旧来の**

　　　　conventional ways　従来のやり方

└──★ **eventually** [イヴェンチュアリ]

　　　副 **結局は・ついに**

　　　He will succeed eventually.　結局彼は成功するだろう。

018 トライアル ── 試走、試技またはフィールド競技の予選

トライアルは「試し・試技・試走」、トライは「試してみる・努力する」
である。ラグビーのトライはいささか意味が分かりにくいが、かっ
ては、トライには得点がなく、「ゴールにトライする権利を得る」た
めのものだったことによるものと聞く。まあ、トライ・アンド・エラー
（試行錯誤）は説明するまでもないだろう。おまけに、生徒数日本
一という「家庭教師のトライ」を付けておこうか。

★ **trial** [トゥライアル]

　　名 **試し・試験、試練・苦難、裁判・公判**

　　the trial of a new car　新車のテスト

Can he stand the trial? 彼はその試練に耐えられるだろうか？

a public trial 公判

形 試しの

a trial run （乗り物などの）試運転

※**try** [トゥライ]

他動 やってみる・努力する、ためしてみる、裁判する

I tried to solve the problem. 私はその問題を解こうとした。

I'll try my luck. 運をためしてみよう。

He was tried for theft. 彼は窃盗のかどで裁判にかけられた。

名 試み、（ラグビー）**トライ**

Have a try at the problem. その問題をやってみなさい。

★**trying** [トゥライイング]

形 つらい・苦しい

have a trying time つらい目に合う

019 トーナメント ── 勝ち抜きの選手権試合

トーナメントは中世の騎士の馬上試合に由来する「勝ち抜き試合」だ。馬首をぐるりと回すから、ツアー（観光旅行）、ターン（回転）、リターン（返す、返却）につながっている。近年ではリターンと言えば収益をさすことが多い。

★**tournament** [タ〜ナメント]

名 （勝ち抜きの）**試合**、（中世騎士の）**馬上試合**

a chess tournament 将棋戦

語源 tour（ぐるぐる回る）より、馬主をぐるぐる回して戦う馬上試合の意

類語

☆**tour** [トゥア]

名 （あちこちに立ち寄る）**観光旅行・周遊旅行**、（劇団・スポーツ団体などの）**巡業**

He made a tour of Europe.　彼はヨーロッパ旅行をした。

go on tour　巡業に出る

他動 旅行する・周遊する、巡業する

tour Southeast Asia　東南アジアを旅行する

The singer toured Hokkaido.　その歌手は北海道を巡業した。

──★ **tourist** [トゥーリスト]

名 旅行者・観光客

a tourist bureau　観光案内所・旅行案内所

※ **turn** [ターン]

他動/自動 回転させる、曲がる、向きを変える、変える／回転する、曲がる、変わる、〜になる

turn a handle　取っ手を回す

turn a street corner　町かどを曲がる

He turned his head toward the window.　彼は窓の方へ頭を向けた。

turn water into ice　水を氷に変える

The earth turns around the sun.　地球は太陽の周囲を回る。

Turn to the right at the first corner.　最初の角を右に曲がりなさい。

The snow soon turned to rain.　雪は間もなく雨に変わった。

She turned pale.　彼女は顔が青くなった。

名 回転、曲がること・曲がりかど、変化、順番

the turn of a wheel　車輪の回転

No Left Turn.　左折禁止（掲示の文句）

the turn of the tide　潮の変化、形勢の逆転

My turn has come.　私の番が来た。

──★ **turning** [ターニング]

名 曲がりかど

It is a long lane that has no turning.

どんな長い道でも曲がりがある。待てば海路の日和あり。《諺》

──※ **return** [リターン]「re＝back：turn(廻る)→廻ってもどる」

自動・他動 帰る、もどる・返す

32

return home　帰宅(国)する

return the ball over the net

　(テニスで)ネットを越してボールを打ち返す

名 帰り、返すこと・返却、くり返し、収益・報酬

on his return　彼が帰ると

I asked him the return of the book.

　彼に本を返してくれと言った。

the return of the season　季節のめぐり

give a return　報酬を出す

── **returnee** [リタ〜ニー]

名 (旅行などから)**帰った人、復学者**

020 リーグ（戦）── 総当り戦。すべての選手・チームと対戦し、勝率または勝点によって順位を決定する方式

リーグは「連盟・同盟」だ。やや難しいが、意外にもオブリゲーション（義務）、レリジョン（宗教）にもつながっている。確かにいずれも人の心を強く結びつけるものだ。

☆ **league** [リーグ]

名 同盟・連盟

in league with　〜と同盟して

他動 同盟する

We leagued with them.　我々は彼らと同盟した。

語源 lig＝bind(しばる)より

類語

☆ **oblige** [オブライヂ]「ob＝near：lige＝bind(しばる)→しばりつける」

他動 しいる・強制する、ありがたがらせる

be obliged to do 〜せざるを得ない

I'm obliged to you. どうもありがとう。

└─ ★ obligation [アブリ**ゲイ**ション]

　　　名 義務、恩義

　　　You have no obligation to help us.

　　　　あなたは我々を援助する義務はない。

　　　repay an obligation 恩を返す

※ religion [リリー**ヂョ**ン]「re(強意)：lig＝bind(結ぶ)：ion＝名詞語尾→人の

　　心を強く結びつけるもの」

　　名 宗教・宗派、信仰

　　the Buddhist religion 仏教

　　enter(into)religion 信仰に入る

└─ ☆ religious [リ**リ**ジャス]

　　　形 信心深い、宗教の

　　　a religious man 信心深い人

　　　religious books 宗教書

　ligature [リガチュア]

　　名 しばること、ひも

---

021 ファイナル（ゲーム）─ 決勝戦

ファイナルは「最後の」、フィニッシュは（終える）だ。ディファイン
となれば「決める」で、ディフィニットは「限定された・明確な」、デ
フィニッションは「定義」となる。更にたどっていけば、日産の名車、
「インフィニティ（無限大）」、日々新聞などをにぎわすファイナンス
（金融・財政、原義は貸借を終わらせる→清算）などにもつながる
のだ。まあ、不定詞のインフィニティブなどは耳にタコだろう。おま
けに、ショーなどのフィナーレをつけておこうか。

☆final［ファイナル］

形 最後の、決定的な

the final round　最終回

the final decision　結論

名（通例 the～s）最後のもの・決勝戦・最終（期末）試験

pass the finals　最終試験に合格する

語源 fin＝end（終り、限界）：al＝形容詞語尾

類語

※finish［フィニッシュ］「fin＝end：ish＝動詞語尾」

他動・自動 終える

finish reading a book　本を読み終える

名 終了、完成

fight to the finish　最後まで戦う

This picture lacks in finish.　この絵はまだ仕上がっていない。

★confine［コンファイン］「con＝together：fine＝end→共に終わる」

他動 限定する、閉じこめる

Confine your efforts to finishing the work.

その仕事をやり遂げることだけに努力を集中しなさい。

He is confined to bed with a cold.　彼はかぜで寝込んでいる。

名 境界

within the confines of the city　市の境界内で

★define［ディファイン］「de＝from：fine＝end→端のほうから決める」

他動（境界・範囲などを）限定する、定義する

The river defines the boarder of the two countries.

その川は二つの国の境界になっている。

Words are defined in a dictionary.　言葉は辞書に定義されている。

── ☆definite［デフィニット］

形 限定された、明確な

a definite period　一定期間

a definite answer　明確な答

　★ **indefinite** [インデフィニット]

　　形 **不明確な、限界のない**

　　an indefinite answer　あいまいな返事

　　the indefinite article　不定冠詞

★ **definition** [デフィニション]

　名 **定義**

　give a definition of a word　一つの語の定義を下す

finite [ファイナイト] 「fin＝end：ite＝形容詞語尾」

　形 **限りのある**

　Human understanding is finite.

　人間の理解は限りがあるものである。

　★ **infinite** [インフィニット]

　　形 **無限の**

　　an infinite number of stars　無数の星

　★ **infinitive** [インフィニティヴ]

　　名 **不定詞**

　　infinity [インフィニティ]

　　名 **無限大**(参考　ニッサン自動車「インフィニティ」)

★ **fine** [ファイン] 「借金を終わらすが原義→清算→支払い→罰金」

　名 **罰金**

　他動 **罰金を科する**

　He was fined fifty dollars for speeding.

　彼はスピード違反で罰金50ドルを科せられた。

　☆ **finance** [ファイナンス] 「負債を払って、貸借勘定を終わらせることの意」

　　名 **財政・金融**

　　family finances　家計

　　☆ **financial** [フィナンシャル]

　　　形 **財政上の・金融上の**

　　　the financial circles　財界

└─ finale [フィナァリ]

　名 (音楽)終楽章・フィナーレ、大詰め

022 コンソレーション（マッチ）── 敗者慰労試合、敗者復活戦を指す場合もある

コンソレーションは「慰め・慰安」、コンソールは「慰める」だ。スポーツの団体戦などですでに勝敗が決した後で行われる試合などをいう。

★ consolation [カンソレイション]

　名 慰め・慰安

a consolation prize　残念賞

└─ ★ console [コンソウル]

　　他動 慰める

Nothing can console him.
　何物も彼の心を慰めることはできない。

語源 con＝together：**sole**＝comfort（慰め）

類語

solace [サラス]

　名 慰め

find solace in books　本に慰めを見いだす

　他 慰める

solace oneself with books　書物で自らを慰める

└─ consolatory [コンサラトーリ]

　　形 慰めの

a consolatory letter　慰問文

023 エントリー ── 競技に参加を申し込むこと

エントリーは「入場・入口・参加」、エンターは「入る」だ。エントランスホール、エントランスフィー（入場料）などはかなり一般的に使われている。エントランス・エギザミネーションとなれば「入学試験」である。

★ entry [エントリ]

　　名 入ること・入場、入り口、登録、参加（者）

　　No Entry.　入場禁止（掲示の文句）

　　the entry of a house　家の玄関

　　make an entry of　〜を登録する

　　There were thirty entries for the race.

　　　そのレースには30人が参加した。

──※ enter [エンタ]

　　　他動 入る・加入する・参加する、登録する

　　　enter a club　クラブに入会する

　　　I entered my name on the list.

　　　　私は自分の名前を名簿に登録した。

──※ entrance [エントランス]

　　　名 入口、入場・入学

024 シード ── トーナメントで強いチーム・選手が早いうちに対戦しないよう順位を決めて組み合わせること（例／第一シード、シード選手）

シードは試合の興味を減じないための「種・種子」、ソウとなれば「種をまく」だ。要するに、強い者同士が始めのうちに当たらないようにするのである。ゴルフの場合、シード選手は興味の「種」としてすべての試合に出場する権利を持っている。

☆ seed [スィード]

名 種子・子孫、原因(～s)、(スポーツ)**シード**

the seed of Abraham　アブラハムの子孫

the seeds of war　戦争の原因

他動/自動 種をまく／実を結ぶ

He seeded his field with corn.　彼は畑にトウモロコシをまいた。

Sunflowers seed in the fall.　ヒマワリは秋に実を結ぶ。

──☆ sow [ソウ]

他動・自動 (～の種を)**まく**

sow the seeds of flowers　花の種をまく

025 クオリファイ ── 予選を通過すること

クオリファイは「資格を得る・予選を通過する」である。クオリティ
(質)が高くないと上には行けないのだ。近頃、あまり耳にしない
が、クオリティペーパーといえば、「高級新聞」である。今日び、関
心の的となっている「クオリティ・オブ・ライフ (QOL)」(生活の
質)をついでに付けておこう。

★ qualify [クワリファイ]

自動/他動 資格を得る／予選を通過する

qualify as a doctor　医師の資格をとる

Our team qualified for the Word Cup.

　我がチームはワールドカップの予選を通った。

語源 quali = of what kind(どの種類)：fy = make →ある種類にする

類語

☆ quality [クワリティ]

名 質、特質、高級・高い身分

a man's qualities　人の(いろいろな)性質

the quality of love　愛の本質

people of quality　身分の高い人

形 上質の・高級な

a quality newspaper　高級新聞

★ qualification [クワリフィ**ケイ**ション]

名 資格・免許（状）

a doctor's qualification　医師免状

3 ゲーム・プレーの展開

026 リード ── 相手を引き離すこと（例／2点のリード）

> リードは「先に立つ・導く、指導」だ。リーダーシップ、リーディング・ヒッター、ミスリードなどとも使われる。音楽ファンならリードボーカル、メカに強い人ならリード線はお馴染みだろう。

※ **lead** [リード]

他動 (led、led) **導く、～させる、先に立つ、暮らす・送る**

lead an orchestra　オーケストラを指揮する

lead one to do　人に～させる

lead the class in English　英語でクラスを抜きんでる

lead a happy life　幸福な生活を送る

名 **指導、先頭、リード・点差**

Follow his lead.　彼の指導に従え。

in the lead　先頭に立って

He had a lead of four yards.　彼は4ヤードリードした。

── ☆ **leading** [リーディング]

形 **主な・第一流の、先頭の**

a leading singer　第一流の歌手

a leading hitter　（野球）首位打者・リーディングヒッター

── ☆ **leader** [リーダ]

名 **指導者・リーダー**

the leader of a party　政党の首領

── ★ **leadership** [リーダシップ]

名 **指導・指導力・リーダーシップ**

── ★ **mislead** [ミスリード]「mis＝接頭辞（誤った、悪い）」

他動 (misled misled) **誤り導く・惑わす**

The sign misled us.　その標識で私達は道をまちがえた。

027 ビハインド ─ 負けていること、遅れていること

ビハインドは「後ろに・遅れて」だ。ハインドは「後ろの」、ヒンダーとなれば「邪魔する」である

※ **behind** [ビハインド]

> **前** ～のうしろに、遅れて、劣って
>
> behind the door　戸の後ろに
>
> be behind time　遅れている
>
> I am behind my class in English.　私はクラスの中で英語が遅れている。
>
> **副** うしろに、遅れて
>
> stay behind　あとにのこる
>
> fall behind　遅れる

─ ★ **hind** [ハインド]

> > **形** 後ろの
> >
> > the hind legs　(動物の)後足

─ ★ **hinder** [ヒンダ]「後ろに保つ→制するが原義」

> > **他動** 妨げる・邪魔する
> >
> > They were hindered in their study.
> >
> > 彼らは勉強の邪魔をされた。

028 アヘッド ─ リードしていること、勝っていること

アヘッドは「首」を「前に・先に」だ。ヘッドはサッカーのヘッディングがわかり易い用例だろう。ヘッドクォータとなれば「本部」、ヘッドラインは「見出し」、ヘディクは頭痛である。

※ **ahead** [アヘッド]

> **副** 前に、先に、まさって
>
> go ahead　前に進む

three months ahead　3ヶ月先

He is ahead of his class in English.

　彼は英語でクラスの者より進んでいる。

※**head** [ヘッド]

　　　名 頭、頭脳、長、先端

Better be the head of a dog than the tail of a lion.

　鶏□となるも牛後となるなかれ。《諺》

Two heads are better than one.

　三人寄れば文殊の知恵。《諺》

the head of a school　校長

the head of a page　ページの上部

　　他動/自動 先頭に立つ／向ける・進む

a cabinet headed by Mr. Smith　スミス氏を主班とする内閣

They headed the boat toward the shore.

　彼らはボートを岸に向けた。

Our boat is heading north.　我々のボートは北に進んでいる。

★**heading** [ヘディング]

　　　名 見出し・表題、(サッカー)**ヘディング**

under the heading of　～という表題で

★**headline** [ヘドライン]

　　　名 (新聞・雑誌などの)**表題・見出し**

headline news　大見出しの大事件

★**headquarters** [ヘドクウォータ]

　　　名 本部・司令部

the general headquarters　総司令部

★**headache** [ヘデイク]

　　　名 頭痛

I have a bad headache.　ひどい頭痛がする。

029 ドロー ── 引き分け、ドロン(drawn)ゲームともいう

ドローは「引く・引き分ける」だ。ドローイングとなれば、「線を引く、画・絵」、さらにドラフトとなると「設計図・通風口・選抜」となる。いずれも「引く」の感じがよくわかるところで、野球のドラフト会議などはピッタリである。さらに、野球のドラッグバントでおなじみのドラッグとなれば、やっぱり「引く」で、この場合はバットを引くのである。全く日本語化しているズロースは、ドロワースのなまりで、同様に「引っ張る」ものが原義であることをサービスとしてつけておこう。

※ draw [ドゥロー]

(他動・自動) (drew,drawn)**引く、引き抜く・**(図や線を)**引く・**(関心を)**引く、**(勝負を)**引き分ける**

Horses draw carts.　馬が馬車を引く。

draw a gun　ピストルを引き抜く

draw a line　直線を引く

draw one's attention　注意を引く

The game was drawn.　ゲームは引き分けになった。

語源 draw(引く)

類語

☆ draft, draught [ドゥラァフト]

(名) 引くこと・引き抜くこと・選択、設計図・草案(線等を引くことより)

make a draft on　(資金などを)引き出す

a draft for a speech　演説の草稿

(他動) 選択する、下図を書く

He was drafted into the army.　彼は軍隊に招集された。

draft a speech　演説の草稿を書く

── **draftsman** [ドゥラァフトマン]

(名) 起草者、製図工

☆ **drag** [ドゥ**ラ**ァッグ]

（他動）**引く・引きずる**

drag one's feet　足を引きずって歩く、故意にぐずぐずする

（名）**引きずること**

walk with a drag　足を引きずって歩く

★ **withdraw** [ウィズドゥ**ロ**ー]「with＝back：draw」

（他動）**引っ込める、退かせる**

He withdrew his hand from mine.　彼は私の手から自分の手を引っ込めた。

withdraw one's son from school　息子を退校させる

—— ☆ **drawn** [ドゥ**ロ**ーン]

（形）**引き分けの、引き抜かれた**

a drawn game　引き分け試合・ドロンゲーム

a drawn sword　抜き身の刀

—— ★ **drawer** [ドゥ**ロ**ーア]

（名）**引き出し、(〜s)ズボン下・ズロース**

a table drawer　テーブルの引き出し

a pair of drawers　ズボン下一枚

—— ★ **drawing** [ドゥ**ロ**ーイング]

（名）**線を引くこと、絵・図**

drawing paper　画用紙

—— **drawing room** [ドゥ**ロ**ーイングルム]

（名）**応接間**「ディナーの後女客たちが食堂から退出（withdraw）して休息することから」

030 クロス（ゲーム）─ 接戦

クロスは「近い・親しい・接近した」だ。閉店のクローズ、戸棚のクロゼットなどの変化形は一般的に用いられているが、近年、ことに問題となっているのは情報のディクローズ（開示）だろう。産業革

命でおなじみの「エンクロジャームーブメント」(囲い込み運動)の
エンクローズ(囲む)もついでにつけておこう。

※ close [クロウス]

形 近い、親しい・親密な、綿密な、互角の・接近した

a flower close to a rose　バラによく似た花

a close friend　親友

close attention　細心の注意

a close contest　五分五分の争い

語源 close(閉じる、閉鎖する)より

類語

※ close [クロウズ] (発音注意)

他動/自動 閉じる/終わる

Closed today.　本日閉店(掲示の文句)

The speech is closed.　話は終わった。

名 終わり

at the close of the game　ゲームの終わりに

──★ closet [クラゼット] (閉じられた場所の意より)

名 戸棚、押入れ

an water closet　トイレ(略してW. C.)

★ disclose [ディスクロウズ]「dis＝not：close(閉じる)」

他動 (秘密などを)あばく、発表する

disclose a secret　秘密をすっぱぬく

disclose one's plans　計画を明らかにする

── disclosure [ディスクロウジャ]

名 発覚・発表

★ enclose [エンクロウズ]「en＝in(中に)：close(閉じる)」

他動 囲む、同封する

enclose a farm　農場に囲をする

46

A check for $10 is enclosed.　10ドルの小切手を同封します。

★ **enclosure** [エンク**ロ**ウジャ]

名 囲うこと・囲い地

the Enclosure Movement

囲い込み運動・エンクロジャームーブメント

☆ **include** [インク**ル**ード]「in＝in：clude＝close（閉じる）→＝中に閉じこめる」

他動 含む

Does this price include the tax?

この値段には税金が含まれていますか。

★ **including** [インク**ル**ーディング]

前 ～を含めて

Six were invited, including the girl.

その少女を入れて6人招かれた。

inclusive [インク**ル**ースィヴ]

形 中に含めた

an inclusive charge for a week

一切を含めての一週間分の宿泊料

★ **exclude** [エクスク**ル**ード]「ex＝out：clude＝close（閉じる）→締め出す」

他動 締め出す・除外する

exclude light from a room　部屋に光を入れない

★ **exclusive** [エクスク**ル**ースィヴ]

形 排他的な・独占的な、高級な・一流の

exclusive rights　専有権

an exclusive hotel　高級ホテル

★ **exclusively** [エクスク**ル**ースィヴリ]

副 もっぱら・排他的に

He drinks tea exclusively.

彼はもっぱら紅茶ばかり飲む。

☆ **conclude** [コンク**ル**ード]「con＝together：clude＝close（閉じる）→共に閉じる」

他動・自動 終える、結論（決定）する

He concluded his speech.　彼は演説を終えた。

He concluded that he would go.　彼は行こうと決めた。

└─ ☆ **conclusion** [コンクルージョン]

　　名 結末、結論

　　the conclusion of the lecture　講演の結び

　　come to a conclusion that　～という結論に達する

└─ ☆ **closely** [クロウスリ]

　　副 ぴったりと、綿密に

　　My shoes fit closely.　私の靴はぴったり合う。

　　look closely　よく注意して見る

031 シーソー（ゲーム） ── 一進一退の試合

シーソーは「シーソー・上下に動く板」。ソー（のこぎり、のこぎりで引く）の反復形で、行ったり来たりするから、まさしく一進一退となる。ソーヤーが「木こり」であることは言うまでもないだろう。おまけとして、これがジグソーパズルにつながっていることを紹介しておこう。ジグソーは「糸のこ」なのである。

seesaw [スィーソー]「sawの反復形」

　名 シーソー・シーソー板

　play at seesaw　シーソー遊びをする

　形 上下に動く・一進一退の

　a seesaw policy　ひよりみ政策

　自動 シーソー遊びをする、動揺する

　The exchange rate of the yen is seesawing.

　　円の交換レートは変動している。

└─ ☆ **saw** [ソー]

名 のこぎり

use a saw to cut the branch　木の枝をのこぎりで切る

他動・自動 のこぎりで引く

saw a log into boards　丸太をひいて板にする

― 　sawyer [ソーヤ]

名 木びき

― 　sawmill [ソーミル]

名 製材所

― 　jigsaw [ヂグソー]

名 糸のこ・クランクのこ（雲形などの曲線ひき用）

a jigsaw puzzle　ジグソーパズル

032 デッド（ヒート） ― 白熱戦

デッドは「死んだ・死んだような、全く・すっかり」、ダイは「死ぬ」、デスは「死」である。ダイイングメッセージ、デスマッチ、デスマスクなどと使われている。ついでながらヒートには「熱・暑さ・激しさ」などのほか「（競技の）一回・一ラウンド」の意味があることに注意しよう。近年、競技の予選などで第一ヒートなどと使われている。

※dead [デッド]

形 死んだ、死んだ様な・活気のない、全くの

Dead men tell no tales.　死人に□なし。《諺》

dead water　よどんだ水

a dead loss　丸損

副 全く・すっかり

be dead asleep　ぐっすり眠っている

名 (the～)死者たち

the dead and the living　死者と生者

― ★deadly [デドリ]

形 致命的な、死人の様な

a deadly blow　致命的な一撃

a deadly paleness　死人の様な青い顔色

副 死んだ様に、ひどく

be deadly pale　死人のように青ざめている

deadly tired　ひどく疲れた

※ death [デス]

名 死・死亡

He was burnt to death.　彼は焼け死んだ。

※ die [ダイ]

自動 死ぬ・枯れる

The flower died at night.　花は夜になって枯れた。

033 フェアー（プレー）── 正々堂々とした試合ぶり

フェアは「公正な・美しい」、アンフェアとなれば「不公平な」となる。ニッサンの名車、「フェアレディ」、ミュージカルの傑作「マイ・フェア・レディ」は大方のお馴染みだろう。最近は、ことにフェアトレード（公正な取引）が重要視されていると聞く。

※ fair [フェア]

形 公正な、晴れた、かなりの、金髪の、美しい

a fair price　公正な値段

a fair day　晴れた日

fair health　かなりよい健康

fair hair　金髪

Oh! my fair lady!　ああ、うるわしの君よ。

★ unfair [アンフェア]

形 不公平な、不正な

an unfair share　不公平な分け前

by unfair means　不正な手段で

└─☆ fairly [フェアリ]

　　　副 公正に、かなり

　　act fairly toward all men　すべての人に対し公正に振舞う

　　fairly well　かなりよく

034 ファイン（プレー）── あざやかなプレー、美技

　ファインは「立派な・晴れた・細かい」の意。リファイン（精製する・
　洗練する）、リファイナリー（精製所）につながっている。余談とも
　なるが、ファインアートとなれば、大衆芸能などに対して純粋芸術
　を指している。

※ fine [ファイン]

　　形 立派な、晴れた、元気な、細かい・微細な

　Fine feathers make fine birds.

　　馬子にも衣装（立派な羽根は立派な鳥をつくる）。《諺》

　It's fine.　晴れている。

　I'm fine.　私は元気です。

　fine rain　細かい雨、こぬか雨

└─★ refine [リファイン]「re（状態の変化を示す）：fine（立派な）→立派にする」

　　　他動 精製する、上品にする・洗練する

　　refine oil　油を精製する

　　refine one's taste　趣味を洗練する

　└─　refinery [リファイナリ]

　　　　名 精製所・リファイナリー

4 ルール関係

ルール ── (競技)規則

> ルールは「規則・支配、支配する」だ。ルーリング・パーティは「与党」である。ルーラーとなれば「支配者」だが、「定規」の意味もあることに注意しよう。

※ rule [ルール]「元義は定規」

名 規則、支配、習慣

the rules of the road　交通規則

The country was under British rule.

　その国は英国の支配下にあった。

make it a rule to do　～することにしている

他動 支配する

rule a country　国を治める

└─ ☆ ruler [ルーラ]

名 支配者、定規

the Roman ruler Julius Caesar

　ローマ帝国の支配者ジュリアス・シーザー

a T-square ruler　T型定規

036 ジャッジ ── 審判あるいは審判の判定(ジャッジメント)

> ジャッジは「裁判官・審査員、裁く・判定する」、ジャッジメントは「裁判・判定・判断」だ。すこし難しいが、プレジュデイスとなれば「偏見・先入観」である。先に持った判断の意なのだ。

※ judge [チャッヂ]

名 裁判官、審判員

as grave as a judge　とてもいかめしい

the judges at a flower show　草花品評会の審査員

他動 裁く・判定する、判断する（～と思う）

God will judge all men.　神は万人を裁く。

I judge him honest.　私は彼を正直だと思う。

語源 jud＝judge（裁判官、裁判する、判断する）より

類語

★ **prejudice**［プレヂュディス］「pre＝before：jud（判断）：ice＝名詞語尾→先に持つ判断→先入感、偏見」

名 偏見・先入観

racial prejudices　人種的偏見

他動 偏見をいだかせる・毛嫌いさせる

He is prejudiced against me.　彼は私に反感を持っている。

★ **judicial**［ヂューディシャル］「judici（裁判）：al＝形容詞語尾」

形 裁判の

the judicial bench　裁判官席、裁判官達

☆ **judgement**［ヂャヂメント］

名 裁判、判定・意見

the Judgement Day　最後の審判の日

in my judgement　私の意見では

037 レフリー ── 審判員

レフリーは「審査員」、リファーは「参照する・言及する」だ。オファー（申し込む）、ディファー（異なる）、プリファー（好む）、トランスファー（移す・運ぶ）など結構重要な単語につながっている。調べ物の手伝いをしてくれる図書館の「レファレンスサービス」をご利用の向きも多かろう。近年、カンファレンス（会議）なども結構使われている。

★ referee [レフェリー]

名 審判員、調停者「問題の決定・解決を委任された人」

☆ refer [リファ～]

自動/他動 参照する、言及する／参照させる、任せる

refer to a dictionary　辞書を引く

refer to another's words

人の言葉に言及する、人の言葉を引く

He referred me to books on biology.

彼は私に生物学の本を参照するように言った。

refer the question to a committee

問題を委員会に任せる

語源 re＝back：fer＝bring（運ぶ）→元のところに持ってくる、帰する

類語

※ offer [オーファ]「of＝to：fer（運ぶ）→～へ持ってくる→提供する」

他動 提供する、申し出る

I offered her my seat.　私は彼女に自分の席を提供した。

He offered to help me.　彼は私を助けると申し出た。

名 提供・申し出

an offer of information　情報の提供

★ offering [オーファリング]

名 奉納・提供

a thank offering　（神にささげる）感謝のささげ物

☆ differ [ディファ]「di＝apart（別々に、離れて）：fer（運ぶ）＝別々に持ってくる

→異る」

自動 異なる、意見が違う

A national flower differs from country to country.

国花は国によって違う。

I differ with you on this point.　私はあなたとこの点で意見が違う。

※ different [ディファレント]

形 違う、いろいろの

My tastes are different from yours.
　私の趣味は君のと違う。

There are different kinds of flowers in the garden.　庭にはいろいろな種類の花がある。

──☆ **difference** [ディファレンス]

名 相違

make a difference　差別する、相異を生じる・重要である

──★ **differential** [ディファレンシャル]

形 差別的な

differential duties　差別関税

────★ **indifferent** [インディファレント] 「自他を区別しない→どうでもよい」

形 無関心な・冷淡な

He is indifferent to his clothes.
　彼は服装にむとんちゃくだ。

☆ **prefer** [プリファ〜] 「pre＝before：fer（運ぶ）→先に持ってくる→好む」

他動 ～より～の方を好む・よいと思う

I prefer spring to fall.　私は秋よりも春が好きだ。

──★ **preference** [プレファランス]

名 好み・好物

What are your preferences?　あなたの好物は何ですか。

☆ **transfer** [トゥランスファ〜] 「trans＝across（向こうに）：fer（運ぶ）」

他動/自動 移す・運ぶ／乗り換える、移る

transfer a boy to another school　子供を他の学校に転校させる
We transferred from the train to a bus.
　我々は列車からバスに乗り換えた。

Our office will transfer to Tokyo next month.
　我々の事務所は来月東京に移ります。

★ **confer** [コンファ〜] 「con＝together（共に）：fer（運ぶ）→共にもたらす、

多くの意見を共に集めて運ぶ」

他動/自動 授ける／協議する

The prize was conferred upon him. その賞は彼に与えられた。

He conferred with the lawyer about a matter.

彼は問題について弁護士と相談した。

── ☆ conference [カンファランス]

名 相談・会議

a press conference 新聞記者会見

★ infer [インファ〜] 「in＝into：fer (運ぶ) →心の中に運ぶ」

他動 推測する

What can I infer from these facts?

これらの事実からどんなことが推測出来るだろうか。

──── ☆ reference [レファレンス]

名 参照、言及

a reference book 参考書

The book has many references to Japan.

その本は日本への言及箇所が多い。

038 ペナルティ ── 反則に対する罰

ペナルティは「罰・罰金」だ。近年かなり普及してきたペイン・クリニックのペイン (苦痛) につながっている。パニッシュとなれば「罰する」、リペントとなれば「後悔する」である。日本語でも「あれはイタかった」と後悔することが多い。

★ penalty [ペナルティ]

名 罰・罰金

death penalty 死刑

類語

☆ **pain** [ペイン]

　　　名 苦痛、(通例〜s)骨折り

　　He cried with pain.　彼は痛くて泣いた。

　　No pains, no gains.　苦は楽の種。《諺》

　　　他動 苦痛を与える

　　My cut knee pains me.　傷ついたひざが痛む。

　　└─ ★ **painful** [ペインフル]

　　　　　　形 痛い、骨の折れる

　　　　　a painful cut in the finger　指の痛い切り傷

　　　　　a painful duty　苦しい務め

☆ **punish** [パニッシュ]

　　　他動 罰する

　　punish a person by death　人を死刑に処する

　　└─ ☆ **punishment** [パニシュメント]

　　　　　　名 罰

　　　　　physical punishment　体罰

★ **repent** [リペント]「re＝again」

　　　自動/他動 後悔する／悔い改める

　　He has nothing to repent of.　彼は後悔することは何もない。

　　He repented his sin.　彼は罪を悔い改めた。

　　penance [ペナンス]

　　　名 ざんげ・罰の償い

　　do penance　罪の償いをする

　　└─ **penal** [ペナル]

　　　　　形 刑罰の、刑事上の

　　　　　the penal code　刑法

039 ファウル ── 反則

ファウルの意味は「反則、汚い・反則の」だ。野球のファウルボール、サッカーなどのファウルを知らない人はいないだろう。スポーツの場合、規則に反したり、「指定された領域からはみ出す」とファウルとなる。ファウルボールは決して「汚い」球ではないのである。

★ foul [ファウル]

名 反則、(野球)ファウルボール

claim a foul　ファウルだと主張する

形 汚い、邪悪な、反則の

foul air　汚れた空気

foul men　悪い人達

foul play　反則、不正行為

他動 よごす・けがす

foul the air with smoke　煙で大気をよごす

040 アピール ── 審判の判定や相手のプレーに異議を申し立てること

アピールは「訴え・懇願」だ。何事にもアピールポイントが必要だが、今日び、セックスアピールを特に強調する人もいる。イクスペル (追い出す)、コンペル (強制する) にもこれはつながっているが、飛行機のプロペラも同じである。余談ともなるが、かつてフィギュアスケートにあったコンパルソリー (規定種目) をご案内の向きもあろう。

☆ appeal [アピール]

名 訴え・懇願、魅力

make an appeal for help　助けを求める

sex appeal　性的魅力・セックスアピール

自動/他動 懇願する、訴える／心を引きつける

He appealed to me for help. 彼は私に援助を懇願した。

appeal to arms 武力に訴える

The picture appeals to me. この絵は私の気に入っている。

語源 ap＝to：**peal(pel)** ＝drive(追う)→〜に心を駆り立てる→訴える、心をひきつける

類語

★ compel [コンペル] 「com＝together：pel(追う)→追い立てて〜させる」

　他動 強制する・無理に〜させる

　I was compelled to work. 私は働かないわけにはいかなかった。

　└─ ★ compulsory [コンパルサリ]

　　　形 強制的な・義務的な

　　　compulsory education 義務教育

★ expel [イクスペル] 「ex＝out：pel＝drive→外へ追う」

　他動 追い出す

　He was expelled from school. 彼は退学させられた。

propel [プロペル] 「pro＝forward：pel＝drive→前へ追う」

　他動 押す・推進する

　This ship is propelled by steam. この船は蒸気で進む。

　└─ propeller [プロペラ]

　　　名 (汽船・飛行機などの)推進器・プロペラ、推進者

dispel [ディスペル] 「dis＝away：pel＝drive→向こうの方へ追う」

　他動 追い払う・一掃する

　The rising sun dispelled the mist. 朝日が霧を追い払った。

repel [リペル] 「re＝back：pel＝drive→追い返す」

　他動 追い払う、はねつける

　repel an enemy 敵を追い払う

　repel a suggestion 提案をはねつける

5 スポーツでよく用いられる言葉

041 ファイト ── 頑張れ、闘志を燃やせの意の呼びかけ

ファイトは「戦う・争う、戦い・勝負」、ファイターは「戦士」だ。ゼロファイターと言えば、日本の伝説的な戦闘機、「ゼロ戦」であることをサービスとして付け加えておこう。北海道日本ハムファイターズは蛇足だろう。ファイアファイターとなれば消防士である。

※ fight［ファイト］

> **自動/他動** (fought, fought) **戦う／争う**
>
> fight with an enemy　敵と戦う
>
> **名 戦い・勝負、闘志**
>
> a fight between two cats　2匹の猫の争い
>
> be full of fight　闘志にあふれている
>
> ── ★ fighter［ファイタ］
>
> > **名 戦士**
> >
> > a fire fighter　消防士

042 （ファイテング）スピリット ── 闘争心

スピリットは「精神・霊・気力、元気づける」だ。複数形のスピリッツとなればウイスキーなどの強い酒である。沢山飲めば、元気が出るのかも。さらに、インスパィアとなれば「激励する」、アスパイアとなれば「熱望する」、パースバイアとなれば「汗をかく」だ。結構な単語ではないだろうか。おまけとして、インスパィアの名詞形、インスピレーション（霊感・激励）を付けておこう。

※ spirit［スピリット］

> **名 精神、霊、気力、**（通例〜 s）**気分、**（通例〜 s）（ウイスキー・ブランデーなどの）

強い酒・スピリッツ

body and spirit　肉体と精神

the world of spirit　霊界

a man of spirit　活気に満ちた人

They are in good spirits.　彼らは上機嫌だ。

他動 元気づける

spirit up a person with whisky　ウイスキーで人を元気づける

語源 spir＝breathe（呼吸する）：it（もの）→息、生命、魂、活力

類語

☆ **inspire** [インスパイア]「in（中に）：spire（呼吸する）→息を吹きこむ→激励する」

　　他動 激励する、吹きこむ

　　This success inspired me.　この成功が私を元気づけた。

　　inspire a person with hope　人に希望を与える。

──★ **inspiration** [インスピレイション]

　　　　名 霊感・インスピレーション、激励

　　　　receive a deep inspiration　深い霊感を受ける

　　　　under the inspiration of one's mother　母の激励で

★ **aspire** [アスパイア]「a＝to：spire（呼吸する）→或る物に向かって呼吸する

　　→或る物を望む」

　　自動 熱望する

　　He aspires to be a doctor.　彼は医者になることを熱望している。

──　**aspiration** [アスピレイション]

　　　　名 熱望

　　　　an aspiration for fame　名声への熱望

　　expire [エクスパイア]「ex＝out：(s)pire（呼吸する）→息を出す、終りまで

　　呼吸する→息が絶える、尽きる」

　　自動 期限が切れる

　　My driving license expired.　私の運転免許は期限が切れた。

──　**expiration** [エクスピレイション]

名 満期

at the expiration of ～が満期になって

conspire [コンスパイア]「con＝together：spire（呼吸する）→共に吸収する、呼吸を合せる→同じ行動をする」

自動/他動 共謀する／力を合せて～する

conspire against the state　国家に反乱を企てる

└─ ★ **conspiracy** [コンスピラスィ]

名 陰謀・共謀

in conspiracy with　～と共謀して

respire [レスパイア]「re＝again：spire（呼吸する）」

自動 呼吸する

perspire [パスパイア]「per＝through（～を通して）：spire（呼吸する）→～を通して呼吸する→発汗する」

自動 汗をかく

└─ **perspiration** [パ～スピレイション]

名 汗・発汗

└─ ☆ **spiritual** [スピリチュアル]

形 精神の、霊魂の

spiritual life　精神生活

spiritual songs　聖歌

043 ドンマイ [(ドント)マインド] ── 気にするな。ミスをしたときなどに元気づける言葉

マインドは「心、気にする」の意。マインドコントロール、企業マインドなどは近頃よく耳にする言葉だ。リマインドとなれば「思い出させる」である。

※**mind** [マインド]

他動/自動 気にする／注意する

Never mind the expense.　費用などを気にするな。

Mind your own business.　いらぬお世話だ（自分の仕事に注意しろ）。

Would you mind～ing?　～して下さいませんか。

名 心・精神、意見

A sound mind in a sound body.　健全な身体に健全な心。《諺》

make up one's mind　決心する

── ☆ **remind**［リマインド］「re（再び）」

他動 思い出させる

He reminds me of his brother.

彼を見ると彼の兄（弟）のことを思い出す。

044　ハッスル ── 張り切ってプレーすること

ハッスルは「てきぱきとやる」、ハッスラーとなれば「プロのギャンブラー・活動的な人・やり手」だ。ポール・ニューマン主演の傑作映画、「ハスラー」を見た人もいよう。

hustle［ハスル］

自動 押し分けて通る、てきぱきやる・精力的にがんばる

hustle through the crowd　人込みの中を押し分けて通る

Come on now! Hustle.　さあ、てきぱきやれ。

名 押し合い・騒ぎ、てきぱきやること・ハッスル

with much hustle　大あわてにあわてて

── **hustler**［ハスラ］

名 活動的な人、プロのギャンブラー

045　ガッツ ── 根性（gut の複数形）

ガッツはガット（腸・はらわた・中身・根性）の複数形だ。弦楽器などに用いられるガット、テニスラケットのガットも同じである。ブラ

インド・ガットとなれば盲腸だ。

gut［ガット］

（名）**腸・**（～s）**はらわた、**（～s）**中身、**（～s）**根性、**（ラケット、弦楽器などに用い
る）**腸線・ガット**

the blind gut　盲腸

This statement has no guts in it.　この声明は中身がない。

He has a plenty of guts.　彼はなかなか根性がある。

046 タフ ── 頑健なこと

タフは「頑健な・たくましい」のほか「困難な」の意味があることに
注意しよう。タフガイとなれば、かっての日活映画のヒーローであ
るが、近年では、タフジョブ、タフな試合など「困難な」の意味で
よく使われている。

☆ **tough**［タフ］

（形）**強靭な・たくましい、困難な**

a tough guy　たくましい男・タフガイ

a tough job　困難な仕事

── **toughness**［タフネス］

（名）**じょうぶさ・不屈、困難**

── **toughen**［タフン］

（他動）**強くする**

047 エラー ── 失策

エラーは「失策」だ。野球などでよく使われているが、トライ・アン
ド・エラー（試行錯誤）、エラーメッセージなどと一般的にも使われ
ている。近年では、事故などのたびにヒューマン・エラーが問題と

されることが多い。

☆ error [エラ]

> 名 誤り・過失・失策

Correct errors, if any.　誤りがあれば正しなさい。

── ★ err [ア〜]

> 自動 誤る

To err is human, to forgive divine.　過ちは人の常、許す
は神の業。

── erroneous [イロウニャス]

> 形 誤った

an erroneous report　誤報

048 ギブアップ ── 勝負をあきらめること

ギブアップは「あきらめる・やめる」、ギブは「与える」だ。ギフトと
なると「贈り物」のほかに「天より与えられたもの」の意で「才能」
ともなる。まあ、ギフト券を知らない人はいないだろう。フォギブ
と変化すれば「許す」である。

★ give up [ギブアップ]

> 他動 あきらめる、やめる

give up the plan　計画をあきらめる

give up smoking　たばこをやめる

── ※ give [ギブ]

> 他動 (gave, given)与える・渡す、(ある動作を)する、催す

I gave 500 yen for this book.　この本に500円支払った。

give a cry　さけぶ

give a party　パーティを開く

── ☆ given [ギヴン]

65

形 与えられた・一定の、～と仮定して

on a given day　定められた日に

Given good health, I hope to finish the work

thisyear.　健康に恵まれれば今年この仕事を終えたい。

── ☆ **gift** [ギフト]「与えられた物の意」

名 贈り物、(生まれつきの)才能

a birthday gift　誕生日の贈り物

a gift for music　音楽の才能

── ☆ **forgive** [フォギヴ]「for＝away：give→放棄する→許す」

他動 許す

Will you forgive me?　私を許してくれますか。

049 ダメージ ── 攻撃による損害、被害

ダメージは「損害・被害」、ダム (damn・呪う) につながっている。ガッデム (goddamn) となれば、米国人男性がよく使う言葉で「畜生」となる。コンデムとなれば「非難する」だ。

☆ **damage** [ダァメッヂ]

名 損害・被害

damage from a flood　出水による被害

他動 損害を与える・傷つける

The package was badly damaged.　その荷物はひどくいたんでいた。

語源 damn＝injury(傷つけること)

類語

★ **damn** [ダァム]

他動 のろう・ののしる、破滅させる・けなす

Damn you!　こんちくしょう。

The book was damned by the critics.

その本は批評家からこきおろされた。

名 **のろい・ののしり、（否定文）少しも**

be full of damns　ののしりでいっぱいである

I don't care a damn.　私は少しもかまわない。

★condemn［コンデム］「con（強意）」

他動 **非難する**

Many people condemn smoking.
タバコをすうことを非難する人は多い。

---

050 カムバック ―― 返り咲き

カムバックは「返り咲き、回復する」、カムは説明の要もないが、ビカムとなれば「〜になる」、インカムとなれば「収入」、アウトカムは「結果」、オーバーカムは「打ち勝つ」である。近年ではニューカマー（新参者）が何かと問題になるようだ。

comeback［カムバァック］

名 （人気、地位などの）**回復・返り咲き**

make one's comeback　返り咲く

★come back［カムバァック］

自動 **帰る、回復する**

I'll come back about seven.　7時頃帰ります。

The memory came back to my mind.　記憶がよみがえった。

―※come［カム］

自動 （came, come）**来る、起こる、〜になる、（〜するように）なる**

First come, first served.　早い者勝ち。《諺》

Everything comes to those who wait.
待てば海路の日和（ひより）あり。《諺》

The dream came true.　その夢は正夢となった。

come to like it　それが好きになる

―── comer [カマ]

名 来る(た)人

the first comer　先着者

──※ become [ビカム]「be＝near」

自動/他動 (became, become)〜になる／〜に似合う

become rich　金持ちになる

Her new hat becomes her.

彼女の新しい帽子はよく似合う。

───── ★ becoming [ビカミング]

形 〜に似合う

a becoming hat　よく似合う帽子

─── ★ overcome [オウヴァカム]「over(上に)：come」

他動 打ち勝つ・圧倒する

overcome the difficulty　困難に打ち勝つ

─── ☆ income [インカム]「in：come→入ってくるもの」

名 収入

weekly income　週給

─── ★ outcome [アウトカム]「out：come→出てくるもの」

名 結果

What was the outcome of the game?

ゲームの結果はどうでしたか。

051 コンビ [コンビネーション] ── 組み合わせ、連携

コンビ [コンビネーション] は「結合・連合」、コンバインは「結合する、合同」だ。刈り取りと脱穀ができる農機具、コンバインをご案内の向きもあろう。意外にもバイスクル (自転車) につながっていることを付け加えておこう。

☆ combination［カンビネイション］

名 結合・連合・組み合わせ

several combinations of letters　いくつかの文字の組み合わせ

└─☆ combine［コンバイン］

他動 結合させる、化合させる

combine two companies　二つの会社を合併する

Hydrogen and oxygen are combined into water.
　水素と酸素は化合して水になる。

名 （企業などの）合併・合同、コンバイン（刈り取りと脱穀が同時に出来る農機具）

語源 com＝together：bine＝two by two, bi＝two

類語

※ bicycle［バイスィカル］「bi（二つの）：cycle（輪）」

名 自転車

binary［バイナリ］

形 二つの部分から成る

the binary scale　二進法

biennial［バイエニアル］「bi（二つの）：enni（year）：al＝形容詞語尾」

形 二年毎の・二年間の
名 二年毎の行事

---

052 サイン ── 合図（多くは身ぶり、手ぶりなどによる暗号）

サインは「印・合図・記号」。デザイン（設計する）、アサイン（割り当てる）、リザイン（辞職する）など重要な言葉につながっている。さらに言えば、シグニファイ（意味する・表明する）の派生語であるシグニフィカントは文字通り「重要な」言葉だ。ついでにシグナル（信号）、シグネチャー（署名）も付けておこう。

※ sign [サイン]

名 しるし、合図、記号、標識・看板

as a sign of one's love　愛のしるしとして

make a sign of～　の合図をする

the plus sign　プラス記号(+)

Good wine needs no sign.　よい酒に看板はいらない。《諺》

他動 合図する、署名する

The coach signed me to hit.　コーチは私に打てと合図した。

sign a letter　手紙に署名する

語源 sign(印をつける)

類語

☆design [ディザイン]「de＝down(下に)：sign(印をつける)→設計する」

名 デザイン・意匠、計画

designs for dresses　服のデザイン

by design　計画的に、故意に

他動 計画する・～するつもりである、設計する

She designs to be a nurse.　彼女は看護婦になるつもりである。

Mr. Smith designed the hall.　スミス氏がそのホールを設計した。

──★designer [ディザイナ]

　　　名 デザイナー、設計者

──★designate [デズィグネイト]「design：ate＝動詞語尾(～する)」

　　　他動 指定する、指名する

　　　Underlines designate important words.

　　　　下線は重要語を示す。

　　　a designated hitter　(野球)指名代打者(DH)

★assign [アサイン]「as＝to(～に)：sign(印をつける)→だれのものかわかる

　　ように印をつける→割り当てる」

　　他動 割り当てる・(人に)与える、指定する

　　They assigned us a small room.

彼らは私達に小さな部屋を割り当てた。

assign a day for a meeting　会合の日を指定する

└─ ☆ **assignment** [ア**サ**インメント]

　　名 **割り当て・宿題・仕事**

　　Have you done your assignment?

　　君はもう宿題をやってしまったのか。

★ **resign** [リ**ザ**イン]「re＝back, again(再び)：sign(署名する)→辞職する(辞職の時は再び署名する)」

　　自動 **辞職する**

　　He resigned from his office.　彼は辞職した。

　└─ ★ **resignation** [レズィグ**ネ**イション]

　　　　名 **辞職・辞表**

　　　　a letter of resignation　辞表

★ **signify** [ス**ィ**グニファイ]「sign(しるし)：ify＝動詞語尾(～にする)→(合図、身ぶりなどで)～を示す、意味する」

　　他動/自動 **表明する、意味する／重要である**

　　He signified that he would resign.　彼は辞職することを表明した。

　　What does this phrase signify?　この句はどういう意味か。

　　It doesn't signify.　それは大したことではない。

　└─ ☆ **significance** [スィグ**ニ**フィカンス]

　　　　名 **意味、重要性**

　　　　the real significance of this event　この事件の真の意味

　　　　a matter of no significance　なんでもない事

　└─ ☆ **significant** [スィグ**ニ**フィカント]

　　　　形 **意味のある、重要な**

　　　　a significant wink　意味深長な目くばせ

　　　　a significant fact　重要な事実

　　　└─ ★ **insignificant** [インスィグ**ニ**フィカント]

　　　　　　形 **取るに足らない・無意味な**

　　　　　　an insignificant person　つまらない人物

consign [コンサイン]「con＝together：sign（印をつける）→委託する、任せる」

（他動）**委託する・任せる**

consign one's soul to God　魂を神にゆだねる,死ぬ

──☆ **signal** [スィグナル]

（名）**信号・合図・シグナル**

a traffic signal　交通信号

──★ **signature** [スィグナチャ]

（名）**署名**

They collected signatures.　かれらは署名を集めた。

053 フォーム ── 運動動作の型

フォームは「形・形式、形づくる」だ。リフォーム（直す）、インフォーム（知らせる）、パーフォーム（実行する）、トランスフォーム（変える）、さらには、ユニフォーム、フォーメイションなどにつながっている。言うまでもなく、フォーマル（形式ばった・正式の）、フォーミュラ（公式・型式・処方）などもこの変化形である。まあ、フォーマルスーツを着ている人は多いし、カーマニアなら自動車レースの最高峰、F1（フォーミュラ・ワン）を知っていよう。おまけにパフォームの名詞形、パフォーマンス（演技）も付けておこう。

※ **form** [フォーム]

（名）**形・形式、形態、作法**

as a matter of form　形式上、儀礼上

forms of government　政治形態

（他動）**形づくる・形成する、組織する**

form good habits　良い習慣をつける

form a cabinet　内閣を組織する

語源 form（形、形づくる）

類語

☆**inform** ［インフォーム］「in（心の中に）：form（形づくる）→知らせる」

他動 知らせる・告げる

He informed me of the happy news.

彼がその吉報を私に知らせた。

└── ☆**information** ［インフォメイション］

名 情報・通知、知識

for your information　ご参考までに

information on scientific matters　科学に関する知識

☆**perform** ［パフォーム］「per（完全に）：form（形づくる）→完成する、遂行する」

他動 実行する・果たす、演じる

perform one's promise　約束を実行する（果たす）

perform one's part　自分の役を演じる

└── ☆**performance** ［パフォーマンス］

名 実行、演奏・演技・パフォーマンス

the performance of duties　任務の遂行

a musical performance　音楽の演奏

☆**reform** ［リフォーム］「re（再び）：form（形づくる）→再形成する」

他動 改正する・直す

reform a system of society　社会制度を改革する

名 改正・改革

political reforms　政治的改革

└── **reformation** ［レフォメイション］

名 改正・改革

the Reformation　宗教改革

★**transform** ［トゥラァンスフォーム］「trans（移して）：form（形づくる）→変形する」

他動 変える・変化させる

Heat transforms water into steam.　熱は水を水蒸気に変える。

─── ★ transformation [トゥランスフォメイション]

名 変形

─── transformer [トゥランスフォマ]

名 変化させるもの(人)、(電気)変圧器・トランス

☆ uniform [ユーニフォーム] 「uni＝one：form(形)→同じ形の」

形 同一の・不変の

at a uniform rate 一定の率で

名 制服・ユニフォーム

a school uniform 学校の制服

─── ☆ formal [フォーマル]

形 形式ばった、正式の

a formal visit 儀礼的な訪問

formal wear 礼服・フォーマルウェア

─── ★ informal [インフォーマル]

形 非公式の・形式ばらない

The meeting was informal.

その会合は非公式であった。

─── ★ formation [フォーメイション]

名 形成・形態、隊形・陣形

the formation of a Cabinet 組閣

battle formation 戦闘隊形

─── ★ formula [フォーミュラ]

名 公式、きまり文句、処方

a chemical formula 化学式

a legal formula 法律上の慣用語句

a formula for a cough 咳(せき)の処方

ライバルは「好敵手」。意外にも語源はリバー（川）である。同じ川の両岸の人々はとかく争うのだ。「岸につく」が原義のアライブ（到着する）も大切な言葉だ。やや難しいが、株式投資などに使われるデリバティブ（金融派生商品）もこれにつながっている。この動詞、ディライブ（得る・引き出す）は結構重要な単語といえるだろう。

☆ rival［ライヴァル］

> **名 競争者、匹敵する者**

the rivals for the crown　王座をねらう競争者達

He has no rival as a tennis player.

> テニスの選手として彼に匹敵する者はいない。

> **他動 競争する・対抗する、～に劣らない**

rival one another in special sales　特売で互いに競争する

She rivals her older sister in beauty.

> 彼女は美しさで姉に劣らない。

語源 river（川）より［原義は同じ川の両岸に住む人々の意→競争相手］

類語

※ arrive［アライヴ］「ar ＝ ad（to）：rive（川）→岸につく」

> **自動 到着する・達する**

He arrived home at seven o'clock.　彼は7時に家に着いた。

── ☆ arrival［アライヴァル］

> **名 到着**

> the arrival of a train　列車の到着

☆ derive［ディライヴ］「de ＝ from：rive（川）→川から水を引いてくる」

> **他動 得る・引き出す、由来する**（be derived from）

She derives pleasure from music.

> 彼女は音楽から楽しみを得ている。

This word is derived from Latin. この語はラテン語から出ている。

— **derivation** [デリヴェイション]

　名 引き出すこと、由来

　a word of Latin derivation　ラテン語起源の語

— **derivative** [ディリヴァティヴ]

　形 由来する、派生した

　名 派生物(語)

— **rivalry** [ライヴァルリ]

　名 対抗

　rivalry in politics　政治上の争い

055 マーク ── 相手の動きに注意して競技すること、相手の動きを封じること

マークは「記号・印、印をつける」だ。文具のマーカーを知らない人はいないだろう。繰り返し印をつける「リマーク」となれば「注目」である。確かに参考書にマークを付けるのは重要なところだ。さらにリマーカブルとなれば「注目すべき・驚くべき」となる。

※**mark** [マーク]

　名 記号・印、跡、得点、目標

　a question mark　疑問符・クエスチョンマーク

　a birth mark　あざ

　full marks　満点

　hit the mark　的にあたる

　他動 印をつける、記す・記録する

　Mark the place on this map.　その場所を地図に印をつけなさい。

　mark the score in a game　試合で得点をつける

語源 mark(印をつける)

☆ remark［リマーク］「re＝again（再び）：mark（印をつける）→改めて注意する」

名 注目、批評・意見

be worthy of remark　注目に値する

make a few remarks　二～三の意見を述べる

他動 気づく、（意見を）述べる・書く

We remarked her sad face.　我々は彼女の悲しそうな顔に気づいた。

He remarked that he had never seen such a thing.

　そんな物は見たことがないと彼は言った。

☆ remarkable［リマーカブル］

形 注目すべき・驚くべき

a remarkable change　非常な変化

marker［マーカ］

名 印をつける人（物）・マーカー・目印

056 ウイーク・ポイント ― 弱点

ウイークポイントは「弱点」。ウイークは（弱い）、ポイントは「点、指し示す」だ。ポイントがアポイントとなれば「指定する・定める」、アポイントメントは「約束・任命」である。ビジネスなどではよく「アポをとる」などと略して用いられている。余談ともなるが、犬のポインターもおまけにつけておこう。

※ weak［ウィーク］

形 弱い、苦手な

weak sunlight　弱い日光

He is weak in English.　彼は英語が不得意である。

★ weaken［ウィークン］

他動 弱める

weaken eyesight　視力を弱める

└─ ☆ **weakness**［**ウィークネス**］

　　　名 **弱いこと、弱点**

　　　weakness of mind　心の弱さ、頭の鈍さ

　　　No one is free from some kind of weakness.

　　　　何か弱点のない人はいない。

※ **point**［ポイント］

　　　名 （とがった）**先、**（空間上、時間上の）**点、得点、度、要点**

　　the point of a pen　ペンの先

　　At that point she ran away.　その瞬間彼女は逃げ出した。

　　score 3 points　3点取る

　　the freezing point　氷点

　　catch the point　要点に触れる

　　他動 **さし示す、とがらせる、向ける**

　　point the way　道をさし示す

　　point a pencil　鉛筆をけずる

　　Don't point the gun at any one.　銃口を人に向けてはいけない。

語源 point（さし示す）

類語

☆ **appoint**［アポイント］「ap＝ad（～へ）：point（さし示す）」

　　　他動 **任命する、定める・指定する**

　　I appointed him a manager.　私は彼をマネジャーに任命した。

　　He appointed the place for the meeting.

　　　彼は会合の場所を指定した。

└─ ★ **appointment**［アポイントメント］

　　　名 **任命、約束**

　　　get an appointment　職に就く

　　　break one's appointment　約束を破る

☆ **disappoint**［ディスアポイント］「dis＝away：appoint」

他動 **失望させる、**(期待・約束を)**裏切る・**(計画を)**くじく**

I was disappointed in my son　息子に失望した。

disappoint one's hopes　希望をくじく

└──★disappointment［ディスアポイントメント］

　　　名 **失望**

　　　to one's disappointment　失望したことには

└── pointer［ポインタ］

　　　名 (時計、計器の)**針・**(地図などをさす)**むち、ポインター犬**(獣をかぎ
　　　出して鼻先でその方向をさし示す猟犬)

057 メンタル ── 精神的な、精神の

メンタルは「精神的な」、メンタリティは「精神構造・精神力」であ
る。ノーコメントでおなじみのコメントとなれば「論評・注釈、評論す
る」で、テレビなどに登場するコメンテイターは「解説者」である。

☆mental［メンタル］

　形 **精神の、知力の**

　mental age　精神年齢

　a mental test　知能検査・メンタルテスト

語源 ment＝mind(心)：al＝形容詞語尾(～の)

類語

☆comment［カメント］「com(強意)：ment(心)→心のままを表わす」

　名 **論評・注釈**

　No comment.　言うべきことは何もない、ノーコメント。

　自動 **論評する・解説する**

　comment favourably on his work　彼の作品を好意的に批評する

　── commentary［カメンタリ］

名 解説・注解

a commentary on the Bible　聖書注釈

commentator [カメンテイタ]

名 解説者・コメンテイター

☆ **mention** [メンション]「ment(心)：ion＝名詞語尾→思う事を言う」

他動 言及する・述べる

He mentioned her name.　彼は彼女の名前を口にした。

Don't mention it.　(お礼・おわびに対して)どういたしまして。英

名 言及

make mention of　～のことを話す

mentality [メンタァリティ]

名 精神力・知性、精神構造・メンタリティ

Use your mentality.　頭を使え。

the Western mentality　西洋人の物の考え方

058 コンセントレーション ── (競技における)精神集中

コンセントレーションは「集中」、コンセントレートは「集中する」だ。言うまでもなくセンター (中心)、セントラル (中心の・主要な) につながっている。プロ野球のセントラルリーグは「主要なリーグ」なのである。余談として言えば、パシフィックリーグは「大平洋リーグ」で、名前に両リーグの対抗意識がみられて面白い。最後にセンター (中心) を外れると、エキセントリック (風変りの・常軌を逸した) となることを注意しておこう。

★ **concentration** [カンセントレイション]

名 集中、専心

a concentration of troops　軍隊の集結

a boy with little power of concentration　集中力の乏しい少年

└─ ★ concentrate［カンセントレイト］

他動/自動 集中する／専心する

concentrate the rays of the sun with a lens
　レンズで太陽光線を一点に集める
concentrate on studying　勉強に専心する

語源 con＝together（共に）：**centr**（中心）：ate＝動詞語尾（する）→共に中心に集まる

類語

※ center Ⓜ -tre Ⓔ［センタ］

　名 中心、中心地、（スポーツ）中衛・センター
　the center of a circle　円の中心
　a shopping center　商店街

　他動 集中させる
　He centered his attention on the problem.
　　彼はその問題に注意を集中した。

└─ ☆ central［セントラル］

　　形 中心の・主要な
　　the central part of the city　市の中心部

eccentric［イクセントリック］「ec（外へ）：centr（中心）：ic＝形容詞語尾→中心を外れた」

　形 常軌を逸している・風変わりな・エキセントリックな
　an eccentric person　変人・奇人

---

059 プレッシャー ── 試合前（中）などの精神的圧迫

プレッシャーは「圧迫・圧力」、プレスは「押す」である。コンプレスとなれば「圧縮する」で、機械のコンプレッサー（圧搾機）が出てくる。エキスプレスとなれば「表現する、急行列車」だ。要は、

外へ押し出すのである。さらに、インプレスとなれば「印象付ける・押して跡をつける」で、この名詞形が使われているファーストインプレッション（第一印象）はよく耳にするところだ。最近では時節柄ディプレッション（不況）もよく使われている。ちなみに、新聞をプレスというのは、紙にインキを押し付けることによると聞く。

☆ pressure［プレシャ］

名 押すこと・圧力、圧迫・プレッシャー、（圧迫される）苦しみ

air pressure　気圧

under the pressure of necessity　必要に迫られて

the pressure of poverty　貧乏の苦しみ

└─※ press［プレス］

他動 押す・押し付ける、圧迫する・困らす、押しつぶす・しぼる、アイロンをかける

She often presses her opinion upon others.
　彼女はしばしば自分の意見を他人に押しつける。

He is pressed for money.　彼は金に困っている。

press the juice from a lemon　レモンの汁をしぼる

press the trousers　ズボンにアイロンをかける

名 押すこと・圧迫、（the～）新聞・雑誌・印刷

give it a slight press　それを軽く押す

the local press　地方新聞

語源 press（押す、圧する）

類語

★ depress［ディプレス］「de＝down：press（押す）→下に押す」

他動 押し下げる、失望させる、不景気にする

depress the button　ボタンを押す

The news depressed me.　その知らせに私はがっかりした。

The trade is depressed.　商売は不景気である。

└─ ★ **depression** [ディプレション]

名 ゆううつ、不景気

I am in deep depression.　私はまったくゆううつである。

the great depression of the 1930s

　1930年代の大不況

☆ **express** [エクスプレス]「ex＝out：press(押す)→外へ押し出す」

他動 表現する、至急便で送る⽶・速達便で出す英

express joy　喜びを表わす

Express this trunk to New York.

　このトランクをニューヨークへ速達で送って下さい。

名 急行列車、速達便英

by express　急行で、速達便で

└─ ☆ **expression** [エクスプレション]

名 表現、表情

beyond expression　言い表わせないほど

an expression of happiness　しあわせそうな表情

☆ **impress** [インプレス]「im＝on：press(押す)→～の上に押しつける」

他動 印象づける・感銘を与える、押して跡をつける

I was much impressed by his story.

　私は彼の話に大変感動した。

impress a design on something　物に図案を押す

└─ ☆ **impression** [インプレション]

名 印象・感じ、こん跡・しるし

the first impression　第一印象

the impression of a foot in the snow　雪の中の足跡

★ **oppress** [オプレス]「op＝against：press(押す)→誰かを押す」

他動 圧迫する

oppress the poor　貧しい人をしいたげる

└─ ★ **oppression** [オプレション]

名 圧迫・圧迫感

the oppression of the nobles　貴族の圧制

★ suppress [サプレス]「sup＝under：press（押す）→押さえる」

（他動）**抑圧する・抑える**

suppress the press　言論・出版を弾圧する

compress [コンプレス]「com＝together：press（押す）→一緒に押す」

（他動）**圧縮する**

compressed air　圧搾空気

└─ **compressor** [コンプレサ]

（名）**圧搾機・コンプレッサー**

---

060 ナーバス ── （試合などで）神経質になっている状態

ナーバスは「神経の・神経質な」、ナーブは「神経」だ。ナーバスシステムといえば「神経系統」、ナーバスレスとなれば「冷静な・勇気のない」となる。

☆ nervous [ナ～ヴァス]

（形）**神経の、神経質の・興奮しやすい**

the nervous system　神経系統

Don't be nervous about it!　そのことでくよくよするな。

└─ ☆ **nerve** [ナ～ヴ]

（名）**神経、勇気、（～ s）神経過敏**

a motor nerve　運動神経

a man of nerve　勇気のある人

He is all nerves.　彼は全く神経過敏である。

（他動）**元気づける**

He nerved himself for the work.

彼は元気をだして仕事にとりかかった。

└─ **nerveless** [ナ～ヴレス]

形 勇気のない、冷静な

061 エキサイト ― 興奮。正しくはエキサイトメント

> エキサイトは「興奮させる」だ。サイトとなれば「引用する」、リサイトとなれば「暗唱する・朗読する」である。この名詞形のリサイタル（独奏、朗読）を知らない人はよもやいまい。さらに言えば、飛行機マニアなら、サイトの名詞形、サイテーション（表彰状）には聞き覚えがあろう。ビジネスジェット機を代表するセスナ機の名称である。

※ excite [エクサイト]

> 他動 興奮させる、引き起こす

Don't excite yourself.　落着きなさい。

She excited him to anger.　彼女は彼を怒らせた。

語源 ex＝out（外に）：cite＝call（呼ぶ）→感情を呼び出す

類語

★ recite [リサイト]「re＝again（再び）：cite（呼ぶ）→復唱する」

> 他動 暗唱する、朗読する・物語る

recite a poem　詩を朗読する（暗唱する）

recite one's adventures　冒険談をする

└── ★ recital [リサイタル]

> 名 リサイタル・独奏、朗読

a piano recital　ピアノ独奏会

the recital of Hamlet　ハムレットの朗読

★ cite [サイト]「cite（呼んで来る）」

> 他動 （文章などを）引用する

cite the Bible　聖書を引用する

└── citation [サイテイション]

名 引用・引用文、感謝状・表彰状

a Presidential citation　大統領感謝状

incite［インサイト］「in＝on（上に）：cite（呼ぶ）→呼びかける、うながす」

他動 刺激する・扇動する

He incited them to work hard.

彼は彼らを励まして一生懸命働かせた。

└─ ☆excitement［エクサイトメント］

名 興奮・興奮させる物

in excitement　興奮して

└─ ★exciting［エクサイティング］

形 興奮させる・わくわくさせる

an exciting game　はらはらする試合

062 リラックス ── 緊張をほぐし、気分を楽にすること

リラックスは気分を「緩める・くつろがせる」、リラクゼーションは「ゆるみ・くつろぎ」だ。近年、雨後の筍のように増えているリラクゼーションサロンにお世話になっている人も少なくないだろう。

☆relax［リラァックス］

他動／自動 ゆるめる、くつろがせる／ゆるむ

He relaxed his grip.　彼はつかんでいた手をゆるめた。

Music always relaxes me.　音楽はいつも私をくつろがせてくれる。

The cold has relaxed.　寒さがゆるんだ。

語源 re（再び）：lax（ゆるい）→もとのようにゆるめる

類語

lax［ラァックス］

形 ゆるんだ、だらしがない

a lax rope たるんだロープ

He is lax in his duties. 彼は職務をきちんと果たさない。

---

relaxation [リーラァクセイション]

名 ゆるみ、くつろぎ

the relaxation of discipline 規律のゆるみ

relaxation from one's labour 骨休め

063 コンディション ── 競技者・競技場などの状態（例・ベストコンディション）

コンディションは「状態・条件、条件づける・調整する」、コンディショナーは「調整するもの」だ。空調のエアコンは大変わかり易い用例だろう。さらにプレディクトとなれば「予言する」、ディクテイトとなれば「命令する」だ。これらが意外にも、おなじみのディクテーション（書き取り）、ディクショナリー（辞書）につながっていることも付け加えておこう。

※condition [コンディション]

名 状態、条件、（しばしば～s）状況

be in good condition 調子がよい

on condition that ～という条件で、もし～ならば

living conditions 生活状況

他動 条件づける、調整する

Health conditions success. 健康は成功の条件である。

condition a horse for a race レースに備えて馬を調教する

語源 con＝together：di(c)t＝say（言う）：ion＝名詞語尾→話し合うこと、調整すること→条件

類語

★dictate [ディクテイト]「dict＝say（言う）：ate＝動詞語尾→言うようにする、

命令・指示」

他動 書き取らせる、命令(指示)する

dictate a letter to a typist　タイピストに手紙を□述する

I will not be dictated to by you.　私は君から命令を受けない。

── ★ **dictation** [ディク**テイ**ション]

　　　名 書取り・口述、命令

　　　have dictation　書取りがある

　　　do everything at his dictation　なんでも彼の指図でする

── **dictator** [ディク**テイ**タ]

　　　名 独裁者

★ **contradict** [コントラ**ディ**クト] 「contra＝against：dict＝say(言う)→反対を言う」

他動 否定(否認)する、矛盾する

contradict a report　報告を否定する

The facts contradicts his theory.　事実は彼の学説と矛盾する。

── **contradiction** [コントラ**ディ**クション]

　　　名 否定(否認)・反論、矛盾

★ **predict** [プリ**ディ**クト] 「pre＝before：dict＝say(言う)→前もって言う」

他動 予言する・予報する

predict the weather　天気を予報する

diction [**ディ**クション] 「dict＝say(言う)：ion＝名詞語尾」

名 ことばづかい・言い方

──※ **dictionary** [**ディ**クショネリ]

　　　名 辞書・字引

　　　an English-Japanese dictionary　英和辞典

── ★ **conditional** [コン**ディ**ショナル]

　　　形 条件つきの

　　　a conditional offer　条件つきの申し出

── **conditioner** [コン**ディ**ショナ]

名 調整する物（人）

an air conditioner　エアコンディショナー（エアコン）・空調機

064 サーキット（トレーニング）── 筋トレなどの無酸素運動とウォーキングなど有酸素
運動を組み合わせて繰り返し行なうトレーニング

サーキットは「一周・巡回」だ。鈴鹿サーキットなど自動車の競技
用施設の名前として耳にすることが多い。これが、サークルに由来
することは説明の要もないが、意外にもサーカス（曲馬団）や有名
なロンドンのピカデリーサーカス（広場）にも繋がっているのだ。

★ circuit [サ～キット]

　名 **一周・巡回、周囲、自動車競技場**（サーキット）、**一連のスポーツ競技会**（サー
キット）、**（電気）回路・サーキット**

The earth's circuit of the sun takes about 365 days.
　地球が太陽の周りを1周するには約365日かかる。

The circuit of the city walls is three miles.
　その都市の城壁の周囲は3マイルある。

└─※circle [サ～クル]

　　名 **円、範囲・仲間・サークル**

　　sit in a circle　輪になって座る

　　business circles　実業界

　　他動 **回る、囲む**

　　The moon circles the earth.　月は地球を回る。

　　We circled our teacher.　私達は先生をとり囲んだ。

　　└─★circular [サ～キュラ]

　　　　形 **円形の、巡回の**

　　　　a circular building　円形の建物

　　　　a circular trip　周遊旅行

　　└─★circulate [サ～キュレイト]

自動 循環する

Blood circulates in our body.
　血液は体内を循環する。

── ★ circulation [サ〜キュレイション]

名 循環・流通

This room has a good circulation.
　この部屋は空気の循環がよい。

── ★ circus [サ〜カス]

名 曲馬(芸)団・サーカス、円形の曲芸場(競技場)、円形広場 **英**

a circus parade　曲馬団の顔見せ行列

Piccadilly Circus　ピカデリー広場

── encircle [エンサ〜クル]

他動 取り囲む

Japan is encircled by the sea.
　日本は海に囲まれている。

---

065 ストレッチング ── 筋肉と関節などを伸展させる運動、柔軟体操

> ストレッチは「伸ばす・広げる」で、ストレッチャーは「担架」である。ストレートとなれば「まっすぐな」だ。野球のストレート(直球)がわかり易い用例だろう。ストレートＡとなれば全優である。

☆ stretch [ストレッチ]

他動 伸ばす、広げる

He stretched out his arm for the book.
　彼は本を取ろうと腕を伸ばした。

stretch the wings　(鳥が)翼を広げる

名 伸び、広がり、(トラックの)直線コース・ストレッチ

He stood up and had a good stretch.
　彼は立ち上って十分伸びをした。

a stretch of water　水の広がり、広い水面

a homestretch　ホームストレッチ（決勝線の手前の直線コース）

語源 stretch（引っ張る）

類語

☆ **straight**［ストレイト］「引き伸ばされたの意」

> **形** まっすぐな、きちんとした、正直な、連続した
>
> a straight line　直線
>
> Keep your room straight.　部屋をきちんとしておきなさい。
>
> a straight answer　率直な（正直な）答え
>
> straight A's　（成績の）全優
>
> **名** まっすぐ、直線
>
> ──★ **straighten**［ストレイトン］
>
>> **他動** まっすぐにする
>>
>> straighten one's tie　（ゆがんだ）ネクタイをまっすぐにする

── **stretcher**［ストレチャ］

> **名** 伸ばす（広げる）物・担架
>
> He was carried on a stretcher.　彼は担架で運ばれた。

---

066 エアロビクス ── 有酸素運動（酸素を十分に体内に取り入れながら行う、持久性の運動）

エアロビクスは「好気性の」の意だ。消火器などに用いられるエアロゾール（噴霧質）、スキー競技のエアリアル（空気の）、さらにはバイオ（バイオロジ・生物学）などにもつながっている。

---

aerobics［エアロウビクス］

> **名** エアロビクス
>
> ── **aerobic**［エアロウビック］
>
>> **形** （組織などが）**好気性の**

語源 aero（空気、空の、航空機の）：bic＝life（生命）より

類語

☆ aeroplane ［エアロプレイン］

　　名 飛行機 英

aerodrome ［エアロドロウム］

　　名 飛行場 英

aerial ［エアリアル］

　　形 空気の、航空の

　　aerial currents　気流

　　an aerial photograph　航空写真

aerosol ［エアロソ(ー)ル］

　　名 エアゾール・煙霧質、スプレー・噴霧器

★ biology ［バイアラジ］「bio＝life：logy（言葉、考え）」

　　名 生物学

　　── biologist ［バイアラヂスト］

　　　　名 生物学者

★ biography ［バイアグラフィ］「bio＝life：graphy（書かれたもの）」

　　名 伝記

　　read a biography of Lincoln　リンカーンの伝記を読む

---

067 レプリカ ── 返却する優勝カップの代わりに与えられる小型の優勝カップ

レプリカは「複製・写し」、重要な動詞であるリプライ（返事する、返答）に由来している。アプライとなれば「応用する」で、携帯などのアプリ（アプリケーション・応用）にも変化する。

replica ［レプリカ］

　　名 原作の写し、写し・複製「原義はイタリー語のreplicare＝replay（返答する）」

make a replica of a painting　絵の複製を作る

※ **reply** [リプライ]

> (自動/他動) **返事をする／応答(戦)する**
>
> He didn't reply at all.　彼は何も答えなかった。
>
> The enemy didn't reply to our fire.
> 　敵は我々の砲火に応戦しなかった。
>
> 名 **返答・応答**
>
> She made no reply to that.　彼女はそれに返事をしなかった。

語源 re＝back(もとに)：**ply**＝fold(折りたたむ)→折り返す→返事をする

類語

☆ **apply** [アプライ]「ap＝to：ply(たたむ)→ある物を他のものに合うように折り
たたむ」

> (他動) **応用する・適用する、(薬などを)つける・(物を)あてる**
>
> You cannot apply the theory to this case.
> 　その理論をこの場合に応用することは出来ない。
>
> apply oil to a machine　機械に油をぬる
>
> apply oneself to　~に専心する

── ☆ **application** [アプリケイション]

> 名 **応用・適用、申し込み・出願**
>
> the application of a theory to practice
> 　理論の実地への応用
>
> on application　申し込みしだい

── **applicant** [アプリカント]

> 名 **志願者・申込者**
>
> an applicant for a position　求職者

── **appliance** [アプライアンス]

> 名 **器具・装置**
>
> an electrical appliance　電気器具

★ **imply** [インプライ]「im＝in(中に)：ply(たたむ)→包みこんではっきり言葉に

出さない→ほのめかす」

他動 意味する・ほのめかす

Silence often implies consent.　沈黙はしばしば同意を意味する。

---

　replicate [レプリケイト]

他動 複写する

　replication [レプリケイション]

名 返事、複写

---

068 V [ビクトリー] (サイン) ── 勝利の印。中指と人差し指でVの字をつくるサイン

> V [ビクトリー] は「勝利」、ビクターとなれば「勝利者」である。勇ましい言葉だから名称としてよく使われている。エンターテイメント界の巨人「日本ビクター」、ややウンチク的になるが、歴史に名高いトラファルガー海戦におけるネルソン提督の旗艦「ビクトリー」を挙げておこう。そういえば、最近のスポーツ大会ではビクトリーランが大流行であるが、和製英語であることに注意しよう。

☆ victory [ヴィクトリ]

名 勝利・優勝、(反対・困難などの)**克服・征服**

win a victory over the enemy　敵に勝つ

a victory over difficulty　困難の克服

　★ victor [ヴィクタ]

名 勝利(優勝)者

　★ victorious [ヴィクトーリアス]

形 勝利を得た・勝利の

the victorious team　勝利チーム

デレゲーションは「派遣選手団」、デレゲートは「（代表として）派遣する」だ。レガシィとなると先祖より贈られた「遺産」となる。近年は、オバマレガシーなど大統領、首相などの後世への遺産、功績の意味でよく使われている。スバルの名車「レガシィ」は実にすごい名前ではないか。

★ delegation［デリゲイション］

  名 代表団・派遣団

  the British delegation to the United Nation　英国国連代表団

── ★ delegate［デリゲイト］

  他動 （代表として）派遣する

  delegate him to a conference

  　彼を代表として会議に派遣する

  名 代表

  a delegate from Japan　日本代表委員

語源 de＝from：**leg**＝send（送る）：ate＝動詞語尾
類語

  legacy［レガスィ］「leg（送る）：acy＝名詞語尾→送られたもの」

  名 遺産・先祖伝来のもの

  I was left a legacy by my uncle.　私はおじから遺産をもらった。

── legatee［レガティー］

  名 遺産受取人

  legate［レギット］「leg（送る）：ate＝名詞語尾」

  名 使節、国使

── legation［リゲイション］

  名 公使館

070 ギャラリー ── 競技を観戦する人（テニス、ゴルフなど）

> ギャラリーは「観客」の意味で使われるが、本来は「美術館・画廊・天井桟敷」である。おそらく天井桟敷の客より「観客」の意味が生じたものと思われる。

☆ gallery [ギァラリ]

 名 美術館・画廊、（劇場の）**天井さじき・天井さじきの客・大向こう・**（ゴルフ競技などの）**見物人**

 a picture gallery　絵画館

 play to the gallery　大向こうを目当てに演技する

071 チア（ガール） ── 女子の応援団員

> チアは「喝采・励まし、喝采する・励ます」、チアフルとなれば「機嫌のよい・元気な」である。チアガールは和製英語で、正しはチアリーダーであることを念のため付け加えておこう。

☆ cheer [チア]

 名 かっさい・励まし、元気、ごちそう

 words of cheer　励ましの言葉

 with good cheer　上機嫌で

 The fewer the better cheer.　ごちそうは小人数ほどよい。《諺》

 他動 かっさいする、励ます・元気づける

 We cheered the batter when he hit a home run.

  そのバッターがホームランを打つと私達は彼にかっさいした。

 The letter cheered him.　その手紙は彼を元気づけた。

 ── ☆ cheerful [チアフル]

  形 機嫌のよい・元気のよい、楽しい

  a cheerful face　にこにこ顔

a cheerful song　ゆかいな歌

072 エール ── 応援の叫び声

エールは「叫び声、大声を上げる」だ。贔屓のチームや選手にエールを送るのであるが、学生スポーツなどでは、スポーツマン精神に基づき相手方とエールを交換することがある。

★ yell [イェル]

名 叫び声・わめき

a yell of terror　恐怖の叫び声

自動 大声をあげる・大声で叫ぶ

He yelled with pain.　彼は苦痛で大声をあげた。

6 競技場など

073 コロシアム ―― 円形の競技場

> コロシアムは「円形の競技場」。5万人を収容した古代ローマの円形競技場、コロセウムに由来するもので、日本では旧田園コロシアム、有明コロシアムなどテニス競技場の名前によく用いられる。

Colosseum [カラスィーアム]
- 名 コロセウム（古代ローマ最大の大演技場）
  - colossus [カラサス]
    - 名 巨像、巨大な人（物）
      - colossal [カラスル]
        - 形 巨大な・並はずれた
        - a colossal stature　巨大な像
  - coliseum [カラスィーアム]
    - 名 円形競技場 米 、大会場

074 ドーム ―― 屋根のある競技場

> ドームは屋根のある競技場だ。米国ヒューストンにあるアストロドーム、東京ドーム、カナダのトロント市にあるスカイドームなどがよく知られている。屋根、家を原義とするドームよりドメイン（領土）、ドメスティック（家庭の・国内の）につながっている。近年、DV（ドメスティック・バイオレンス）が大問題となっていることはあえて言うまでもないだろう。企業では最近ことに事業ドメイン（領域）が注目されている。

★ dome [ドウム]
- 名 丸屋根・丸天井・ドーム

the blue dome of the sky　青い大空

語源 dome＝roof（屋根）、house（家）より、初めは公共の建物を指したが、後になってそういった建物の上にある円屋根を指すようになった

類語

☆domestic［ドメスティック］

　形 家庭の、家庭的な、国内の

　domestic industry　家内工業

　a domestic woman　家庭的な女性

　the domestic market　国内市場

　　　domicile［ダマサイル］

　　　　名 住所・本籍（地）

★dominate［ダミネイト］

　他動 支配する

　The Romans once dominated Europe.

　　ローマ人はかってヨーロッパを支配した。

　　★dominant［ダミナント］

　　　形 支配的な・有力な

　　　a dominant member of the society

　　　　その会の有力メンバー

　　★dominion［ドミニョン」

　　　名 支配、（しばしば～s）領土

　　　The area is under the dominion of America.

　　　　その地域はアメリカの支配下にある。

　　　the king's dominions　王の領土

　　　　dominium［ドミニアム］

　　　　　名 所有権・領有権

　　　　　　condominium［カンドミニアム］

　　　　　　　名 共同管理・共同統治、分譲マンション・コンドミニアム⽶

domain [ドウメイン]

名 領土、領域・範囲

a public domain　公有地

the domain of science　科学の領域(分野)

predominate [プリダミネイト]「pre＝before：dominate」

自動・他動 優勢である・圧倒する

Sorrow predominated in her heart.

彼女の胸は悲しみでいっぱいであった。

075 アリーナ ── 競技場、演技場

アリーナは「闘技場・試合場」。古代ローマの円形闘技場に由来するもので、スケート、アイスホッケーなどの室内競技場の名称によく用いられる。最近では、本来の観客席とは別に、競技・演技に近い場所に特別に「アリーナ席」が特設されることがある。

arena [アリーナ]

名 (古代ローマの)**闘技場・試合場、活動の舞台**

a boxing arena　ボクシング試合場

the political arena　政界

076 コート ── テニス、バレーボール、バドミントンなどの競技場

コートは「宮廷、法廷、中庭」などの意である。テニスなどは当初、宮廷の中庭で行われていたのだ。従って、コートハウスは「裁判所」、コーティシーは「礼儀」となる。

☆ court [コート]「原義は宮廷の庭」

名 宮廷、法廷「宮廷の庭で裁判が行われたことから」、中庭、(テニスなどの)**コート**

the Court of St. James's　聖ジェームス宮（英国宮廷）

a court of law　裁判所、法廷

Children can play safely in the court.

　子供たちは中庭で安全に遊べる。

── ★ courteous [カ〜ティアス]

　　形 礼儀正しい・親切な

　　It's courteous of you to write a letter.

　　　お手紙をいただきありがとうございます。

── ★ courtesy [カ〜テスィ]

　　名 礼儀・親切

　　with courtesy　礼儀正しく

── courthouse [コートハウス]

　　名 裁判所

077 フィールド ── 陸上競技、フットボールなどの競技場

フィールドは「野原・田畑・分野」だ。陸上競技場では、トラック、観客席を除いた部分で、ここで三段跳び、走り高跳び、砲丸投げなど様々なフィールド競技が行われる。フィルダーとなれば野球の野手である。野球ファンならフィルダースチョイス（野手選抜）を知っていよう。

※ field [フィールド]

　　名 野原、田畑、戦場、分野、競技場・フィールド

　　a snow field　雪原

　　a rice field　田んぼ

　　fall in the field　戦死する

　　the field of biology　生物学の分野

── fielder [フィールダ]

　　名 （野球、クリケットなどの）**野手**

コースは「走る」を原義とする言葉で、「進路」の意だ。コース料理はお馴染みだが、コンコースとなれば「中央広場」、インターコースは「交際」、ディスコースは「会話・講演」となる。さらに言えば、オカー（起こる）、カレント（現在の）などはこの重要な同系語である。

※ course ［コース］

> 名 **進路、進行・過程**、（運動、競技などの）**コース**、（定食の）**コース**
>
> The ship changed its course.　船は進路を変えた。
>
> a course of study　教科課程
>
> 自動 **早く走る**・（液体が）**勢いよく流れる**
>
> Tears coursed down her cheeks.　涙が彼女のほほを流れ落ちた。

語源 cour ＝ run（走る）より

類語

concourse ［カンコース］「con ＝ together（共に）：course（走る）→走り集まる→合流」

> 名 （人・物の）**集まり・集中**、㊤ **中央広場・コンコース**
>
> at the concourse of two rivers　二つの川の合流点で

★ intercourse ［インタコース］「inter（中を）：course（走る）→交際」

> 名 **交際・交流**
>
> the cultural intercourse between the two nations
> 　両国間の文化交流

★ discourse ［ディスコース］「dis ＝ from：course（走る）→いったり来たりする→会話」

> 名 **講演、会話**
>
> in discourse with　～と語り合って
>
> 自動 **講演する・話す**
>
> discourse on the poetry　詩について講演する

★ incur [イン**カ**～]「in＝into：cur＝cour（走る）→ある状態に陥る」

他動 （危険・損害・非難などを）**招く・受ける**

incur losses　損害を受ける

☆ occur [オ**カ**～]「oc＝toward：cur（走る）→～の方に走る、～の方にやってくる→起こる、～に浮かぶ」

自動 **起こる・発生する、思い浮かぶ**

A big earthquake occurred in Tokyo in 1923.

　1923年東京に大地震が起こった。

A bright idea occurred to me.　私にすばらしい考えが浮かんだ。

☆ current [**カ**～レント]「curr（走る）：ent＝形容詞語尾→流れている」

形 **通用する・流行する、現在の**

current money　通貨

current English　時事（現代）英語

名 **流れ、時勢の流れ**

a cold current　寒流

the current of public opinion　世論の動向

──★ currency [**カ**～レンスィ]

名 **通用・流通、通貨**

words in common currency　一般に通用している語

paper currency　紙幣

★ excursion [イクス**カ**～ジョン]「ex＝out：curs（走る）：ion＝名詞語尾→外へ走り出る」

名 **遠足・観光旅行**

go on an excursion　遠足に行く

── courser [**コ**ーサ]

名 **駿馬・馬**

スタンドは、競技場において人が「立つ」ところが原義である。これがスタンダードとなれば「標準」だ。とにかくしっかりと立っていなくてはダメなのだ。さらに、野球やゴルフで用いられるスタンスとなれば「足の位置・姿勢」で、インスタンス（実例）、ディスタンス（距離）、サーカムスタンス（環境）など重要な言葉につながっている。

※ stand [スタァンド]

名 〜台・〜立て、売店・屋台、（通例〜s）**観覧席・スタンド**

an umbrella stand　傘立て

a newsstand　新聞販売店

自動/他動 （stood, stood）**立つ・立っている／立たせる、耐える**

Horses stand on all fours.　馬は四つ足で立つ。

He stood his umbrella against the wall.

　彼は雨がさを壁に立てかけた。

I cannot stand this hot weather.　私はこの暑さに耐えられない。

―☆ standard [スタァンダド] [stand する場所・点]

名 標準、（度量衡の）**基本単位・**（貨幣制度の）**本位、**（音楽）**スタンダードナンバー**

the standard of living　生活水準

the gold standard　金本位制

形 標準の、一流の

standard English　標準英語

a standard writer　一流の作家

―★ standpoint [スタァンドポイント] 「stand : point（点）」

名 立場・見地

from an educational standpoint　教育上の見地から

― stance [スタァンス]

名 （野球・ゴルフなどの）**足の位置、姿勢**

the batting stance　打球の構え

語源 stand(立つ)より

類語

☆ circumstance [サ〜カムスタァンス]「circum＝circle(周り)：stance
(立つこと)→周りに立つこと・囲むこと→環境」

名 環境・境遇

He is in bad circumstances.　彼は貧しい生活をしている。

※ distance [ディスタンス]「dis＝apart(離れて)：(s)tance(立つこと)→離
れて立つこと」

名 距離

the distance of Mars from the earth　地球から火星までの距離

└─☆ distant [ディスタント]

形 遠い・離れた

The town is ten miles distant from Tokyo.
その町は東京から10マイル離れている。

☆ instance [インスタンス]「in＝near(近くに)：stance(立つもの)→実例」

名 例・実例

for instance　例えば

└─☆ instant [インスタント]

形 すぐの・即座の

instant coffee　インスタントコーヒー

名 瞬時・即時

in an instant　ただちに

└─☆ instantly [インスタントリ]

副 直ちに

Come here instantly.　すぐここに来なさい。

接 〜するとすぐ

Instantly I arrived in Paris, I went to the
Louvre.

私はパリに着くとすぐにルーブル博物館に行った。

☆ **substance** [サブスタンス]「sub＝under（下に）：stance（立つもの）→すべての根底となるもの」

名 **物質、本質・実質、要旨**

chemical substances　化学的物質

Substance is more important than form.
　実質（内容）は形式より重要である。

the substance of his speech　彼の演説の要旨

└── ☆ **substantial** [サブスタァンシャル]

形 **本質的な、内容のある・たくさんの**

a substantial difference　本質的な相違

a substantial meal　たっぷりした食事

☆ **constant** [カンスタント]「con＝fully（十分に）：stant（立っている）」

形 **不変の、不断の**

at a constant pace　一定の歩調で

constant efforts　不断の努力

└── ★ **withstand** [ウィズスタァンド]「with＝against：stand（立つ）→抵抗する」

他動 **抵抗する・耐える**

withstand an attack　攻撃に耐える

7 スポーツ用具など

080 ユニフォーム ── 競技に着用する制服

ユニフォームは「制服」、ユニは「一つの」の意だ。ユニット (一個・単位)、ユニオン (連合)、ユニバース (宇宙)、ユニバーシティ (大学) など関連語が多い。ユニバースに関しては **099** ユニバシアード参照、フォームに関しては **053** フォーム参照。

☆uniform [ユーニフォーム]「uni＝one：form(形)→同じ形の」

形 同一の・不変の

at a uniform rate　一定の率で

名 制服・ユニフォーム

── ★uniformity [ユニフォーミティ]

名 同一・画一性

the uniformity in houses　家屋の画一性

語源 uni＝oneより

類語

☆unite [ユナイト]「un(i)＝one：ite＝動詞語尾(にする)」

他動 一体化する・団結させる

United we stand, divided we fall.

団結すれば立ち、離れれば倒れる。《諺》

── ☆unity [ユーニティ]

名 統一・合同

live in unity with all men　すべての人と仲良く暮らす

── ☆unit [ユニット]

名 1個、単位、設備一式

a unit price　単価

units of energy　エネルギーの単位

a kitchen unit　台所設備一式

☆ **union** [ユーニョン]「un(i)＝one：ion＝名詞語尾」

名 連合、団結、組合

chemical union　化合

Union is strength.　団結は力なり。

a labor union　労働組合 ㊍

☆ **unique** [ユーニーク]「un(i)＝one：ique＝形容詞語尾」

形 独特の・類のない

a unique experience　特異な体験

---

081 ウインドブレーカー ── 戸外スポーツ用の防寒ジャケット（元は商標）

ウインドブレーカーはウインド（風）とブレーカー（壊すもの・遮断器）の結合語で、元は商標である。ウインドがウインドウ（窓）、ブレーカーがブレーク（破る、中断する）につながっていることは言うまでもない。まあ、コーヒーブレイク、ボクシングのブレークなどはおなじみだろう。

windbreak [ウィンドブレイク]

名 防風設備、風よけ・防風林

※ **wind** [ウィンド]

名 風

It is an ill wind that blows nobody good.

誰の為にもならない風は吹かないものだ。甲の損は乙の得。《諺》

★ **windmill** [ウィンミル]

名 風車(小屋)

windsurfing [ウィンドサ〜フィング]

名 ウインドサーフィン

※ **window** [ウィンドウ]

名 窓、窓ガラス

Open the window, please.
　どうぞ窓を開けてください。
We broke the window.　我々は窓ガラスを割った。

breaker [ブレイカ]

　名 こわす人（物）・（電気）遮断器・ブレーカー、くだけ波・白波

a prison breaker　脱獄者

breakers ahead　前方に見えるくだけ波、前途の危険

―※ **break** [ブレイク]

　他動 (broke, broken) 破る・こわす、（元気などを）くじ
く、中断する・やめる

break the world record　世界記録を破る

The sad news broke her heart.
　その悲しい知らせに彼女は悲嘆にくれた。

break a bad habit　悪い習慣をやめる

　名 破れ・こわれ、中断、小休止

a bad break of the leg　ひどい足の骨折

without a break　中断なしに

take a break for coffee　一休みしてコーヒーを飲む

― ★ **breakdown** [ブレイクダウン]

　　名 故障・破損、衰弱

　　There was a breakdown on the railway.
　　　鉄道が故障した。

　　a nervous breakdown　神経衰弱

―※ **breakfast** [ブレクファスト]「fast＝断食」

　　名 朝食

　　have breakfast at seven
　　　7時に朝食を食べる

― ★ **brake** [ブレイク]

　　名 ブレーキ・歯止め

They put the brakes on our plans.
彼らは我々の計画にブレーキをかけた。

082 ブレザー ── スポーツ用上着。濃い赤や原色のフラノ地を用い、ゆったりと仕立てられる

ブレザーはブレイズ（炎・強い輝き、輝く）に由来する。1880年、英国のケンブリッジ大学のボート選手が深紅（ブレージング・レッド）の上着を着たのがブレザーの始まりと言われている。現在では各種の団体、クラブなどの制服などにもよく用いられる。

blazer［ブレイザ］

　名 ブレザー・コート

　★blaze［ブレイズ］

　　名 炎、強い輝き

　　burst into a blaze　ぱっと燃え上がる

　　a blaze of jewels　宝石のきらめき

　　自動 燃え上がる、輝く

　　The dry wood blazed up at the touch of a match.

　　　かわいた木はマッチ一本で燃え上がった。

　　Every window was blazing with light.

　　　どの窓も灯火で輝いていた。

083 （ウエット）スーツ ── 保温・身体保護のために着るゴム製の服

スーツは「上下一続きの服」だ。意外にもホテルのスイートルーム（続きの間）につながっている。さらに、パシューとなれば「追跡する」、バシュートは「追跡」である。近年、スケートの団体追い抜き競技、バシュートの人気が高まっていると聞く。

※ suit [スュート]

名 上下そろいの服一着、（ある用途のための）服・〜着、訴訟

a suit of clothes　1着の服

a bathing suit　水着

win a suit　訴訟に勝つ

他動 適する、似合う

The decorations suit the room.　飾りつけはその部屋にふさわしい。

This hat suits you well.　この帽子はあなたによく似合う。

語源 sue＝follow（後に従う・続く）より

類語

☆ pursue [パスュー]「pur＝forth：sue（続く）→あとを追う」

他動 追跡する、追求する、従事する・続ける

pursue a thief　どろぼうを追跡する

pursue one's object　目的を追求する

pursue one's studies　研究に従事する

── ★ pursuit [パスュート]

名 追跡、追求

the pursuit of the enemy　敵の追跡

the pursuit of happiness　幸福の追求

suite [スウィート]

名 続きの間・スイートルーム、一行・随員

a suite of rooms　（ホテル・アパートなどの）一続きの間

the prince and suite　皇子とその随員

── ☆ suitable [スュータブル]

形 ふさわしい・適切な

clothes suitable for spring　春向きの服

── suitor [スュータ]

名 原告

111

084 アクアラング ── 圧搾空気の入った水中呼吸用具（元は商標）

アクアラングはアクア（水）とラング（肺）の合成語で元商標。アクアはアクアリューム（水族館）、アクエリアス（水瓶座）、アクアマリン（青色の宝石）と変化する。東京湾岸横断道路、東京アクアラインを利用した人も少なくないだろう。

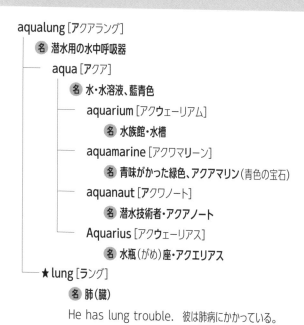

aqualung［アクアラング］

  名 潜水用の水中呼吸器

── aqua［アクア］

    名 水・水溶液、藍青色

    aquarium［アクウェーリアム］

      名 水族館・水槽

    aquamarine［アクワマリーン］

      名 青味がかった緑色、アクアマリン（青色の宝石）

    aquanaut［アクワノート］

      名 潜水技術者・アクアノート

    Aquarius［アクウェーリアス］

      名 水瓶（がめ）座・アクエリアス

── ★ lung［ラング］

  名 肺（臓）

He has lung trouble.　彼は肺病にかかっている。

085 サポーター ── 身体の保護のためにつけるゴム布製のバンドや下着

サポーターは「支持者」、サポートは「支持する」だ。ポート（運ぶ）を原義とする言葉で、レポート（報告）、インポート（輸入）、エキスポート（輸出）、トランスポート（輸送する）、ポーター（運搬人）、ポータブルなど結構多くの言葉につながっている。

★ supporter [サポータ]

名 支持者・後援者・支持するもの

the king and his supporters　王様と彼の支持者

※ support [サポート]

他動 支える、支持する、扶養する

The four posts support the roof.
　4本の柱が屋根を支えている。

I will support your plan.　あなたの計画を支持しましょう。

support a family　家族を養う

名 支持、支え

He needs our support.　彼は私達の援助を必要としている。

walk without support　支えなしで歩く

語源 sup＝under（下に）：port＝carry（運ぶ）→下から運ぶ→担う・支える

類語

★ export [エクスポート]「ex＝out（外へ）：port（運ぶ）」

他動 輸出する

Japan exports cars to other countries.
　日本は自動車を諸外国に輸出する。

名 輸出・輸出品

Wool is an important Australian export.
　羊毛はオーストラリアの重要な輸出品です。

exportation [エクスポーテイション]

名 輸出・輸出品

☆ import [インポート]「im＝in（中に）：port（運ぶ）」

他動 輸入する、（文語）意味する

We import coffee from Brazil.
　我々はブラジルからコーヒーを輸入する。

What do your words import?　あなたの言葉はどういう意味ですか。

名 輸入・輸入品、（文語）意味・重要性

the import of foreign cars 外車の輸入

a matter of little import たいした重要性のないこと

── **importation** [インポーテイション]

　　名 輸入・輸入品

※ **important** [インポータント]

　　形 重要な・大切な

　　Health is more important than wealth.

　　　健康は富より大切です。

※ **importance** [インポータンス]

　　名 重要性・有力

　　a matter of importance 重大事

※ **report** [リポート] 「re＝back(元へ)：port(運ぶ)→もとへ運ぶ」

　他動 報告(道)する

　The radio reported his winning. ラジオが彼の勝利を報道した。

　名 報告・レポート、うわさ・評判

　a school report 成績通知簿

　a man of good report 評判のよい人

── ☆ **reporter** [リポータ]

　　名 報告者、探訪記者・レポーター

☆ **transport** [トゥラァンスポート] 「trans＝across(向へ)：port(運ぶ)」

　他動 輸送する

　transport goods from Tokyo to Osaka

　　商品を東京から大阪へ輸送する

── ☆ **transportation** [トゥラァンスポテイション]

　　名 輸送、輸送機関 ㋖

　　a means of transportation 輸送(交通)機関

★ **portable** [ポータブル] 「port(運ぶ)：able＝形容詞語尾(～できる)」

　形 持ち運び出来る・携帯用の・ポータブルの

　a portable radio ポータブルラジオ

☆ **porter** [ポータ] 「port(運ぶ)：er＝名詞語尾(人)」

名 運搬人・ポーター

086 プロテクター ── けがを防止するための保護具

プロテクターは「保護物」、プロテクトは「守る・保護する」だ。ディテクトとなれば「見つける・見破る」で、ディテクティブは「探偵・刑事」である。

★ **protector** [プロテクタ]

名 保護者・保護物・(野球) プロテクター

a chest-protector　胸当て

── ☆ **protect** [プロテクト]

他動 守る・保護する

They protected themselves against the enemy.

彼らは敵から自分達を守った。

語源 pro＝before：**tect**＝cover (覆う) →前を覆う

類語

★ **detect** [ディテクト]「de＝away (除去)：tect＝cover →覆いをはがす、見つける」

他動 見つける・気づく、見破る

I detected a smell of gas.　私はガスの臭いに気がついた。

detect a spy　スパイを見破る

── ☆ **detective** [ディテクティヴ]

形 探偵の・刑事の

a detective story　探偵 (推理) 小説

名 探偵・刑事

a private detective　私立探偵

── **detector** [ディテクタ]

名 発見者、検出器

a lie detector　うそ発見器

☆ **protection** [プロテクション]

名 保護・保護する物

I live under the protection of my uncle.
私はおじの保護を受けて生活している。

protective [プロテクティヴ]

形 保護する

protective duties　保護関税

087 エキスパンダー ── トレーニング用具の1つ。筋肉をきたえるため、鋼のバネや
ゴムを使った伸張性の器具

エキスパンダーは「伸張する装置」、エキスパンドは「伸張する」
だ。両手などをぐっと伸ばす感じがよくわかる。エキスパンション
となれば「拡張」、エキスパンスは「広がり」である。

expander [エクスパァンダ]

名 伸張する人（装置）

★ **expand** [エクスパァンド]

他動 広げる、伸張する

expand the sails　帆を広げる

expand business　事業を拡張する

★ **expansion** [エクスパァンション]

名 拡張

the expansion of business　事業の拡張

expanse [エクスパァンス]

名 広がり

a broad expanse of water　広々とした水面

088 バー（ベル） ── 筋肉強化のために用いる運動具の1つで、鉄棒の両端に鉄のおもりを付けたもの

バーは「棒」から「障害物、法廷、酒場」など幅広い意味で使われており、バリヤーフリーのバリヤー（障害物）、バリケード（妨害物）、バリスター（弁護士）などにもつながっている。エンバラスとなれば「（進路に棒を置いて）困らせる」である。

barbell [バーベル]

　　名 （体操用の）**バーベル**

── ☆ **bar** [バー]

　　　　名 **棒・棒状のもの、かんぬき、柵・障害、酒場・バー**（カウンターの仕切棒から）、(the ～)**法廷・法曹界**（裁判官と被告席の仕切りの棒から）

　　　　a bar of gold　金の延べ棒

　　　　the bars of a gate　門のとびらのかんぬき

　　　　Poor health is a bar to success.

　　　　　不健康は成功の妨げになる。

　　　　a snack bar　軽食堂・スナックバー

　　　　go to the bar　弁護士になる

　　　　他動 **かんぬきをかける、妨げる・邪魔する**

　　　　All exits are barred.　出口は全部閉まっている。

　　　　A tree barred the way.　一本の木が道をふさいでいた。

語源 bar（棒・横木、邪魔する）

類語

★ **barrier** [バァリア]「bar（棒・邪魔する）:(r)ier＝名詞語尾」

　　名 **障害・障害物・**（通行をはばむ）**柵**

　　a barrier to education　教育に対する障害

　　── **barricade** [バァリケイド]

　　　　名 **バリケード・妨害物**

erect a barricade　バリケードを築く

★ **embarrass** [エンバァラス]「em＝in(中に)：barrass＝bars(棒)→進路に横木を置く→ふさぐ→困らせる」

（他動）**困らせる・まごつかせる**

Don't embarrass me with difficult questions.
　むずかしい問題で僕を困らせないでくれ。

──── **embarrassment** [エンバァラスメント]

（名）**当惑**

to one's embarrassment　当惑したことには

barrister [バァリスタ]「barri(barの連結形)：ster＝名詞語尾(～する人)」

（名）**法定弁護士**（英）、**弁護士**（米）

barrack [バァラック]「横木で作った一時的な家の意」

（名）（通例～s）**兵舎、バラック・仮設小屋**

---

089 バンドエイド ── ばんそうこうの一種（商品名）

バンドエイドはバンドとエイド（助け・助けとなるもの）の合成語で元商標。バンドは「ひも、くくる」の意で、文房具でお馴染みのバインダー、さらに、接着剤のボンド、債権のボンドにつながっている。ボクシングファンならバンデッジ（包帯）は知っていよう。やや難しいが、同系語のバウンド（境界）はことに注目に値する。ゴルファーならアウト・オブ・バウンズ（OB）を知らない人はいまい。

Band-Aid [バァンドエイド]

（名）**バンドエイド**（商品名）、**バンソウコウ・応急策**

──── ☆ **band** [バァンド]

（名）（物をくくる）**ひも・バンド、一隊・団、楽団・バンド**

an arm band　腕章

a band of visitors　見物人の一団

a brass band　ブラスバンド・吹奏楽団

他動 （ひもで）**くくる・団結させる**

band people together　人々を団結させる

語源 bind（しばる）より、あるものを他に縛りつけるの意

類語

☆ **bind** ［バインド］

他動 （bound, bound）**縛る、結びつける**

They bound him to a pole.　彼らは彼を柱に縛りつけた。

Friendship bound them together.　友情が彼らを結びつけた。

be bound to do　必ず〜する、〜する義務がある

└── **binder** ［バインダ］

名 **くくる物（人）・バインダー、接合剤**

☆ **bound** ［バウンド］［bindの過去分詞より］

名 **境界、限界**

bounds of heaven and earth　天と地の境

Her joy knew no bounds.　彼女の喜びようといったらなかった。

他動 **境界を接する**

The United States is bounded on the north by Canada.
　米国は北はカナダに接している。

── ☆ **boundary** ［バウンダリ］

名 **境界・境界線**

a boundary line　境界線

── **out of bounds** ［アウトオブバウンズ］

副 **形** **禁止されて、立入禁止区域に** （英）、（ゴルフ）**オービー**

The place is out of bounds to students.
　そこへは学生は入れない。

☆ **bond** ［バンド］

名 **きづな、（通例〜 s）束縛、（借用）証書・債券・接着剤・ボンド**

a bond of friendship　友情のきずな

break the bonds 束縛を破る

a public bond 公債

（他動）接着（接合）する

★bandage［バァンデッヂ］

（名）包帯

put a bandage on one's arm 腕に包帯をする

（他動）包帯する

bandage one's hand 手に包帯をする

☆aid［エイド］

（名）助け・手伝い、助けとなる人（物）・助手・補助器具

first aid 応急手当

a teaching aid 教具

（他動）助ける・援助する

aid him with money 彼に金を援助する

aide［エイド］

（名）助手、（大統領などの）補佐官・副官

090 アイソトニック（飲料）── スポーツ飲料の一種。体に吸収されやすいように体液に近い性質を持ち、ミネラルなどが含まれている

アイソトニックは「等しい調子、等張の」だ。アイソは「等しい」の意で、アイソトープ（同位元素）、アイソバー（等圧線）などと使われる。トニックは音のトーン（調子）の同系語で、チューン（曲）、チューナー（同調器）、イントネーション（抑揚）などにつながっているが、英単語としてやや注目されるのは最近のファッションなどで多用されるモノトーン（単色）の変化形、モノトナス（単調な）位だろう。

isotonic［アイソウ**タ**ニック］

（形）（塩類その他の溶液が）等張の・（筋肉が）同緊張の

語源 iso＝equal(等しい)：ton＝tone(調子)：ic＝形容詞語尾

類語

isotope [アイソトウプ]

　　名 同位元素・アイソトープ

isobar [アイソバー]

　　名 (気象)等圧線

isotherm [アイソサ～ム]

　　名 (気象)等温線

☆tone [トウン]

　　名 音色、調子、傾向、色調

　　the sweet tones of a flute　フルートのここちよい音色

　　in an angry tone　怒った口調で

　　the tone of the 1980's　1980年代の風潮

　　The lawn is green with a yellowish tone.

　　　その芝生は黄色味がかった緑だ。

　　自動・他動 調子が合う・調和する

　　tone down　調子が下がる、トーンダウンする

　└── monotone [マナトウン]「mono＝単一の」

　　　　名 単調

　　　　speak in a monotone　同じ様な調子で話す

　　　└── ★monotonous [マナタナス]

　　　　　　形 単調な・たいくつな

　　　　　　a monotonous life　たいくつな生活

intone [イントウン]「in＝in：tone]

　　他動 吟じる・抑揚をつける

　└── ★intonation [イントウネイション]

　　　　名 抑揚・イントネーション

☆tune [テューン]「toneの変形」

　　名 曲・調べ、(音の)正しい調子・調和

121

Let's sing a merry tune.　楽しい曲を歌いましょう。

He is out of tune.　彼は調子がはずれている。

他動（楽器の）**調子を合わせる**、（ラジオ・テレビなどの）**波長を合わせる**、（エンジンなどを）**調整する・チューニングする**

tune a piano　ピアノを調律する

He tuned the TV to Channel 1.

　彼はテレビを1チャンネルに合わせた。

── **tuning**［テューニング］

　　名 調律・調整・チューニング

── **tuner**［テューナ］

　　名（ラジオ・テレビの）**チューナー・同調器**、（音楽の）**調律師**

8 各種のスポーツ競技の名称

091 ベースボール ── 野球

ベースは「土台、ふもと、基礎」の意だ。ベーシックとなれば「基礎の・基本的な」で、土台が大切なことがよくわかる。ベースメントとなれば「地下室」である。以下は全くの余談だが、ベースボール（フィールド・イン・ザ・ボール）を野球と訳したのは旧制第一高等学校の野球選手だった中馬庚氏で、他にも野球用語の翻訳が多いことから、その功績により野球の殿堂に入っている。一方、ボールの方は「玉・球」とあっけないが、意外にもバルーン（気球）、ブレット（弾丸）、バァロット（投票）などにも変化するから捨てたものでもない。

※baseball [ベイスボール]

> 名 野球、野球用のボール

play baseball　野球をする

── ☆base [ベイス]

>> 名 土台・ふもと、基礎・根拠、基地・塁、底辺

the base of a mountain　山のふもと

the base of a theory　理論の根拠

an air base　空軍基地

BC is the base of the triangle ABC.
> BCは三角形ABCの底辺である。

>> 他動 基礎（根拠）を置く

His opinion is based upon fact.
> 彼の意見は事実に基づいている。

── ☆basic [ベイスィック]

>>> 形 基礎の・根本的な

basic data　基礎資料

── ☆basis [ベイスィス]

名 基礎・根拠

on the basis of ～に基いて

└─★ basement [ベイスメント]

名 地下室、地階

└─※ ball [ボール]

名 玉・球、野球

a snow ball　雪の玉

play ball　野球をする、(野球の試合を)開始する

──★ balloon [バルーン] [oon(大きなものを示す接尾辞)」

名 軽気球・気球

an advertising balloon　アドバルーン

──★ ballot [バァロット] 「秘密投票を行う際に用いられた小さな球が

原義」

名 投票用紙・(無記名)投票

take a ballot　投票を行う、投票で決める

└─★ bullet [ブレット] 「et(小さなものを示す接尾辞)」

名 弾丸・小銃弾

092 バレー（ボール）── 排球

バレーは「一斉射撃」だ。当初、二つのチームがネットを挟んで、
回数に制限なく打ち合いボールを落としたほうが負けというルール
でスタートしたことによるものと思われる。発音は異なるが、テニ
スのボレーも同じである。

★ volleyball [ヴァリボール]

名 バレーボール

└─ volley [ヴァリ]

名 一斉射撃・(悪口・質問などの)連発、(テニス、サッカーなどの)ボレー

a volley of questions　矢つぎばやの質問

他動・自動 一斉射撃をする・(テニス、サッカーなどで)ボレーをする

093 シンクロナイズド(スイミング) ── 音楽に合わせて泳ぎの演技を競う競技

シンクロナイズは「同時に起こる」だ。シンパシー(同情)、シンフォニー(交響曲)、シンメトリー(対照)、シノニム(同意語)、シンパ(シンパサイザー・支持者)、さらにアナクロニズム(時代錯誤)など結構多くの言葉とつながっている。

synchronize[スィンクロナイズ]

自動・他動 同時に起こる・同時を示す

Their movements don't synchronize with the melodies.

彼らの動きはメロディと合っていない。

語源 **syn(sym)**=together, same：**chron**=time：ize=動詞語尾(〜化する)

類語

synonym[スィノニム]「syn=together：onym=name→同じ名」

名 同意語・シノニム

☆ **sympathy**[スィンパスィ]「sym=same：pathy=feeling(感じ)→同じ気持」

名 同情、共感

feel sympathy for　〜に同情する

I have every sympathy with your love of sports.

君のスポーツ好きには全く同感です。

── ☆ **sympathetic**[スィンパセティック]

形 思いやりのある、共感する・同意する

sympathetic words　思いやりのある言葉

I am sympathetic to your ideas.

私はあなたの考えに同意します。

☆ sympathize, -thise [スィンパサイズ]

自動 同情する、共感する

I sympathize heartily with you. 君に心から同情する。

I sympathize with your views.
私はあなたの考え方に賛成だ。

sympathizer [スィンパサイザ]

名 同情者・支持者・シンパ

★ symphony [スィンフォニ]「sym＝same：phony＝sound(音)→同じ音」

名 交響曲・シンフォニー、交響楽団

a symphony orchestra 交響楽団

symmetry [スィメトリ]「sym＝same：metry＝measure(寸法)＝同じ寸法」

名 (左右)対称・調和・均整

★ symmetric [スィメトリック]

形 (左右)対称的な・均整のとれた

The new building is not symmetric.
あの新しい建物は左右対称でない。

chronic [クラニック]「chro＝timeより」

形 (病気が)慢性の・長期にわたる

a chronic disease 慢性病

chronicle [クラニクル]

名 年代記・記録・物語、～新聞

The News Chronicle ニューズクロニクル紙

chronology [クラナラヂ]「chrono＝time：logy(～学)」

名 年代学、年代記・年表

chronological [クラナラヂカル]

形 年代順の

anachronism [アナァクロニズム] [ana＝against：chron＝time：ism
＝名詞語尾→時代に逆行する考え」

名 時代錯誤・アナクロニズム

094 フィギュア（スケート）── 氷上でいろいろな演技を行ない、滑りの技術と滑り
方の芸術性を競う競技。正しくはフィギュア・スケー
ティング

フィギュアは「姿、形、図形」だ。ヤングに人気の人体人形、フィ
ギュアと同じであることは言うまでもないだろう。図表としてfigと
記載されることも多い。

☆ figure［フィギュア］

名 図型、姿・形、数字・（〜s）計算、人物

See Figure 4.　第4図を見よ。

She has a good figure.　彼女はスタイルが良い。

I am poor at figures.　私は計算が苦手だ。

one of the greatest figures in history　歴史上の大人物のひとり

他動 心に描く・想像する、計算する

He figured himself a hero.　彼は自分を英雄だと思った。

figure the cost　費用を計算する

── disfigure［ディスフィギュア］「dis（打ち消し・反対）」

他動 形状を傷つける・醜くする

a face disfigured by a broken nose
打ちひしがれた鼻のために醜くなった顔

── transfigure［トゥラァンスフィギュア］「trans（別の状態へ）」

他動 容姿を変える・変形する

095 クロスカントリーレース ── 断郊競技。郊外の山野、森林などを横断して走る競技

クロスカントリーレースは郊外などを横断する競技で、クロスは「横
切る・交差する、十字架」だ。クロッシングとなれば「交差点・横
断」、レッドクロスとなれば「赤十字」である。カントリーについては
「国」のほか「田舎、郊外、故郷」などの意があることに注意しよ

う。まあ、ゴルフのカントリークラブ、音楽のカントリーミュージックなどがわかりやすい用例だろう。

※ cross [クロース]

〈名〉十字架、(the C〜)キリスト教、苦難、十字形

die on the cross　はりつけになる

a soldier of the Cross　十字軍戦士

No cross, no crown.　苦は楽の種。《諺》

the Red Cross　赤十字

〈他動〉交差させる、横切る

cross one's arms　腕を組む

cross a road　道を横切る

〈形〉横切る、反対の、きげんの悪い

cross streets　交差した道路

cross winds　逆風

a cross look　不機嫌そうな顔

★ crossing [クロースィング]

〈名〉横断、交差点

No crossing.　横断禁止(掲示の文句)

an overhead crossing　立体交差点

※ country [カントリ]

〈名〉国・国家、(one's〜)祖国・故郷、(the〜)いなか・地方

So many countries, so many customs.　所変われば品変わる。《諺》

My country is Okinawa.　私の故郷は沖縄です。

My father lives in the country.　私の父はいなかに住んでいる。

語源 contra(反対の、向こう側の)より、向こう側にある地域の意

類語

☆ contrary [カントレリ]

〈形〉反対の・逆の

128

contrary opinions　反対意見

名 反対・逆

Dreams go by contraries.　夢はさか夢。《諺》

on the contrary　それどころか

☆ contrast [カントラァスト]「contra(反対に)：st＝stand(立つ)」

他動 対比(対照)する

contrast A with B　AをBと対比(照)する

名 対比・対照、(対比による)差異

the contrast between white and black　白と黒との対比

There is a great contrast between the two.
　その二者にはいちじるしい差異がある。

★ contradict [カントラディクト]「contra(反対)：dict＝speak(言う)」

他動 否定する、矛盾する

contradict a report　報告を否定する

The facts contradicts his theory.　事実は彼の学説と矛盾する。

★ controversy [カントラヴァ〜スィ]「contro＝contra(反対の)：versy＝
turn→反対の方に向けられた」

名 論争・口論

a hot controversy on the novel　その小説についての激論

---

096 トライアスロン ── 遠泳、サイクリング、マラソンの三種目でその所要時間を競う競技。競技内容が過酷であることから鉄人レースともいわれる。

トライアスロンは「三つの」競技からなる。トライはトリプル、トリオ、トライアングル (三角形) などにつながっている。やや難しくなるが、トリニティとなれば「三位一体」でキリスト教の教義である。アスロンはギリシャ語の競技の意で、英語ではアスレティックス (運動競技) となる。米大リーグ球団、オークランド・アスレティックスをご案内の向きもあろう。アスリートとなれば「運動選手・競

triathlon [トゥライアスロン]

- 名 **トライアスロン**
- ── **tri-** [トゥライ、トゥリ]

  三つの、三倍の、三重のなどの意を表す連結形

  - ── **triple** [トゥリプル]

    - 形 **三倍の、三重の**

      a triple price　三倍の値段

      a triple window　三重窓

    - 名 **三倍、三倍の数（量）**
  - ──★ **triangle** [トゥライアングル]「tri（3）：angle（角）」

    - 名 **三角形、三角定規、三人組、（音楽）トライアングル**
      - ── **triangular** [トゥライアンギュラー]

        - 形 **三角（形）の・三者間の**

          a triangular treaty　三国条約
  - ── **trio** [トゥリーオウ]

    - 名 **三重奏（唱）・三重奏団・トリオ、三つ組・三人組**
  - ── **trinity** [トゥリニティ]

    - 名 **(the T～)三位一体**（キリスト教で、父なる神と子なるキリストと聖霊とが形式は三つであるが、その実態は一体であるとすること）、**三つ組・三人組**

- ── **athletics** [アスレティックス]

  - 名 **運動競技**
    - ── ☆ **athletic** [アスレティック]

      - 形 **運動競技の**

        an athletic meeting　運動競技会
    - ──★ **athlete** [アスリート]

      - 名 **運動選手、陸上競技者** 英 **・アスリート**

097 フェンシング — 西洋の剣術

フェンシングは、defence（ディフェンス）にingがついた形からdeがとれたものだ。ディフェンスは「防御」で、反対のオフェンスは「違反、攻撃」となる。どちらも、バスケットボールでことによく使われているが、これが自動車のフェンダー（泥よけ）につながっていることはよもや気が付かないだろう。

fencing [フェンシング]

名 **フェンシング・剣術**

☆ **fence** [フェンス]

名 **さく・塀（へい）、フェンシング**

sit on the fence　形勢を見る、日和見（ひよりみ）する

他動 **垣根をつくる・囲う**

fence the field　畑にさくをめぐらす

語源 **defence**（防御）の頭音が消失したもの

類語

☆ **defence** 英、**defense** 米 [ディフェンス]

名 **防御・防御物、弁明**

national defence　国防

in defence of　～を守るため、～を弁護して

☆ **defend** [ディフェンド]「de＝away, from：fend（打つ）」

他動 **防ぐ、弁護する**

The father defended his child from danger.

父親は子供を危険から守った。

The lawyer agreed to defend the man.

弁護士はその人を弁護することに同意した。

★ **defensive** [ディフェンスィヴ]

形 **防御の・守勢の**

defensive works　防御工事

形 防御・守勢

defender [ディフェンダ]

名 防御者・(競技)選手権保持者

fend [フェンド]「defendの頭音が消失したもの」

自動・他動 よける・受け流す

fend off a blow　打撃をかわす

fender [フェンダ]

名 (自動車の)泥よけ・フェンダー

★ offend [オフェンド]「of＝against(〜向って)：fend(打つ)→〜を打つ」

他動/自動 感情を害する・怒らせる / 罪を犯す・(慣習などに)反する

I am sorry if I've offended you.

　お気にさわりましたらごめんなさい。

offend against good manners　正しい作法に反する

☆ offense ㊇、offence ㊓ [オフェンス]

名 違反・罪、立腹、攻撃

an offense against God　神に対する罪

Offense is the best defense.　攻撃は最大の防御。

★ offensive [オフェンスィヴ]

形 不快な・無礼な、攻撃的な

Don't use offensive words.　失礼な言葉を使うな。

offensive weapons　攻撃兵器

名 攻撃

offender [オフェンダ]

名 違反者・犯罪者

a first offender　初犯者

ドッジは「ひらりと身をかわす・巧みにかわす」、ドジャースとなれば「ペテン師」である。米大リーグの著名な球団、ロサンゼルス・ドジャーズをご案内の向きは多かろう。余談ともなるが、これに似ているのが、ピッツバーク・パイレイツ（海賊）である。パイレーツパンツをご愛用の向きもあると聞く。

★ dodge [ダッヂ]

　　(他動) **ひらりと身をかわす、（困難・難問などを）巧みにかわす**

He dodged a ball. 彼はボールをひらりとよけた。

She dodged questions. 彼女は質問を巧みに言い抜けた。

　　(名) **身をかわすこと、ごまかし・言い抜け**

make a dodge 身をかわす、ぬらりくらりと言い抜ける

a tax dodge 税金のがれ

── **dodger** [ダヂャ]

　　　　(名) **さっと身をかわす人、ごまかしのうまい人・ぺてん師**

── **Los Angels Dodgers** [ロースアンチェリーズダヂャズ]

　　　　(名) **米大リーグの球団の1つ**

9 その他（特定の競技会・団体など）

099 ユニバシアード ── 国際学生オリンピック大会

> ユニバシアードは国際スポーツ連盟が主催する総合競技で、オリンピックの前年及び翌年に開催される。「学生のためのオリンピック」と言われており、ユニバーシティ（大学）に由来する。これがミスユニバースでおなじみのユニバース（宇宙）、バージョン・アップなどで使われるバージョン（～版）、さらには、近年における議論のキーワードともなっているダイバーシティ（多様性）、服装のリバーシブル、登山のトラバースなど多くの言葉につながっている。

Universiade ［ユーニヴァ～スィアド］

　名 国際学生オリンピック大会の俗称

── ※ **university** ［ユーニヴァ～スィティ］

　　名 総合大学、大学

　　enter the university　大学に入る

語源 uni＝one：**vers**＝turn（転じる）、turned：ity＝名詞語尾→1つにまとまった社会。ユニに関しては **080** ユニフォームの項参照

類語

☆ **universe** ［ユーニヴァ～ス］「uni＝one：verse＝turned→1つにされたもの→全体」

　名 宇宙・全世界

　The earth is a part of the universe.　地球は宇宙の一部である。

── ☆ **universal** ［ユーニヴァ～サル］

　　形 宇宙の・全世界の、普遍的な

　　universal gravity　万有引力

　　universal rules　一般法則

☆ **verse** ［ヴァ～ス］「verse＝a turning→ひねられたもの（の言い方）→詩」

名 詩・韻文、詩の1行（節）

a verse drama　詩劇

the first verse of this poem　この詩の第1行（節）

他動・自動 詩を作る

☆ version [ヴァ〜ジョン]

名 翻訳・訳文、説明・意見、（あるものの）変形・〜版・バージョン

a new version of the Bible　聖書の新訳

my version of the affair　その事件についての私の意見

a stage version of a novel　小説を劇化したもの

versatile [ヴァ〜サティル]

形 多才な

a versatile actor　多芸な俳優

★reverse [リヴァ〜ス]「re＝back（後へ）：verse＝turn（向ける）→後へ曲がる」

他動 逆にする・逆転させる

reverse the tape　（録音）テープを裏返す

名 逆、裏

The reverse is also true.　その逆もまた真実だ。

See reverse.　裏面を見なさい。

形 逆の、裏の

in reverse order　逆順で

the reverse side of this page　ページの裏面

reversible [リヴァ〜スィブル]

形 逆にできる

a reversible windbreaker　裏表使えるウインドブレーカー

reversal [リヴァ〜サル]

名 逆転

a reversal of wind　風向きの急変

★traverse [トラヴァ〜ス]「tra＝across（越えて）：verse＝turn（向く）→横切る」

他動 横切る

traverse the desert　砂漠を横断する

名 横断、(登山)**トラバース**

converse [コンヴァ〜ス]「con＝together(ともに)：verse＝turn→交わる」

自動 対談する

└※ **conversation** [カンバ**セ**イション]

名 会話

have a conversation with　〜と話をする

diverse [ダイ**ヴァ**〜ス]「di＝dis(ちがった、いろいろな)：verse＝turn→いろいろな方向に向く」

形 種々の・別種の

The wild life in Africa is extremely diverse.

アフリカの野生動物は極めて多様である。

── **diversify** [ダイ**ヴァ**〜スィファイ]

他動 多様化する

diversify one's business　事業を多角化する

└ **diversity** [ディ**ヴァ**〜スィティ]

名 多様性・変化

---

100 マスターズ(大会) ── **中高年者のために行われる年齢別の競技会**

マスターは「主人・名人」だ。高齢化の進行とともに、原則35歳以上を対象とする年齢別のマスターズ大会が盛んとなり、現在、水泳をはじめ軟式野球まで13種目で開催されている。余談ともなるが、著名なゴルフの競技会であるマスターズ選手権は「名人」の感じがよくわかるところだ。

※ **master** [マァスタ]

名 主人・(組織の)**長、名人、(M〜)修士**

Like master, like man.　主人が主人なら家来も家来。《諺》

He is a master at telling stories.　彼は物語の名人だ。

Master of Arts　文学修士(M.A.)

他動 **修得する、支配する**

master English in a year　1年で英語も修得する

master one's feelings　自分の感情を制する

—　**masterly** [マァスタリ]

形 **名人にふさわしい・みごとな**

speak masterly English　みごとな英語を話す

—　**mastery** [マァスタリ]

名 **支配、精通**

get mastery of　〜を支配する

His mastery of languages is simply wonderful.

彼の語学の達者なことは全く驚くばかりだ。

—　★**masterpiece** [マァスタピース]

名 **傑作、代表作**

a masterpiece in painting　絵画の傑作

—　**master key** [マァスタキー]

名 **親かぎ・マスターキー**

---

101 パラリンピック ─ **身障者オリンピック、国際身体障害者スポーツ大会**

近年ことに注目されているパラリンピックはパラリシス（麻痺）とオリンピックの合成語と聞く。今やオリンピック、サッカーのワールドカップに次ぐ、世界で3番目に大きなスポーツ大会となっている。

Paralympics [パァラリンピックス]「paraplegia＝対麻痺（ついまひ）とオリンピックの合成語」

名 **身障者オリンピック**

paraplegia [パァラプリーヂア]

 名 **対麻痺**(ついまひ)

 paralysis [パァラリスィス]

  名 **まひ**

  moral paralysis　道徳心のまひ

  a paralysis of trade　貿易の停滞

 ★**paralyze** 米 、**-lyse** 英 [パァララァイズ]

  他動 **まひさせる、無力にする**

 She is paralyzed in both legs.

  彼女は両脚がまひしている。

 He was paralyzed with terror.

  彼は恐怖でたちすくんだ。

---

102 IOC [インターナショナル(オリンピック)コミッティ] ── 国際オリンピック委員会。NOCは日本オリンピック委員会

インターナショナルは「国際的な」、コミッティは「委員会」である。前者はネイチャー(自然、性質)、ナチュラル(自然な)、ネイティブ(土着の・故郷の)などの基本単語につながっているが、こと後者のコミッティはコミット(委託する)をはじめ、アドミット(入れる・認める)、パーミット(許す)、オミット(省く)、エミット(発する・出す)などの重要な言葉につながっている。まあ、オミットなどはほとんど日本語といってよいだろう。やや難しいエミットも「ゼロ・エミッション」となれば、いまや地球温暖防止問題のキーワードともなっている。最後に、おなじみのAO入試のAがアドミッション(入試・入場)であることを付けておこう。

※**international** [インタナァショナル]

 形 **国際的な・万国の**

an international airport　国際空港

└─ ※ **national** [ナァショナル]

形 **国民の・国家の**

a national holiday　国民の祝日

└─ ※ **nation** [ネイション]

名 **国民、国家**

the Japanese nation　日本国民

Western nations　西洋諸国

語源 nat＝be born(生まれる)：ion＝名詞語尾

類語

※ **nature** [ネイチャ]「nat(生まれる)：ure＝名詞語尾」

名 **自然、天性・(人の)性質、(物の)本質**

the laws of nature　自然の法則

human nature　人間性

the nature of things　物(事)の本質

└─ ※ **natural** [ナァチュラル]

形 **自然の、生まれつきの、当然の**

the natural world　自然界

a natural poet　生まれながらの詩人

It is natural for him to think so.

　彼がそう考えるのは当然だ。

└─ ★ **supernatural** [スーパナァチュラル]「super＝beyond」

形 **超自然の・不思議な**

supernatural beings　超自然的存在

☆ **native** [ネイティヴ]「nat(生まれる)：ive＝形容詞語尾」

形 **故郷の、土着の、生まれつきの**

one's native place　故郷

customs native to Japan　日本古来の習慣

one's native ability　生来の才能

名 **～生まれの人・原住民**

a native of Sweden　スウェーデン生まれの人

innate [イネイト]「in＝in：nate(生まれる)」

形 生まれつきの・天賦の

innate talent　生得の才能

★ nationality [ナァショナァリティ]

名 国籍

the nationality of a ship　船籍

☆ committee [コミティ]

名 委員会・(全)委員

The committee are all against it.

委員たちはみなそれに反対している。

☆ commit [コミット]

他動 委託する、(罰・過失などを)犯す(「拘留するために警察に任される」より)

I commit my son to your care.

息子の世話をあなたにお任せする。

commit an error　間違いをする

語源 com＝with(ともに)：mit＝send(送る)→いっしょに送る→委託する

類語

☆ admit [アドミット]「ad＝to(〜に)：mit(送る)→送り入れる・入れる」

他動 入れる・入場(入学、入会)を認める、認める

This hall admits about 800 people.

このホールは約 800人を収容できる。

He admitted his mistake.　彼は自分の誤りを認めた。

★ admission [アドミション]

名 入場(入学、入会)許可・入場料、承認

an admission ticket　入場券

make an admission of　〜を認める

admittance［アドミタンス］

名 入場・入場許可

No admittance.　入場お断り、立入禁止（掲示の文句）

★ omit［オウミット］「o＝by（向こうへ）：mit（送る）→見送る→省略する」

他動 省く・抜かす、忘れる

This word may be omitted.　この語は省いてもよい。

I omitted to lock the door.　私はドアに鍵をかけるのを忘れた。

omission［オウミション］

名 省略、手抜かり

without omission　省略しないで

sins of omission　怠慢の罪

☆ permit［パミット］「per（〜を通して）：mit（送る）→通過させる・許す」

他動 許可する・許す

Parking is not permitted here.　ここは駐車が許可されていない。

名 許可証

☆ permission［パミション］

名 許可

No admittance without permission.

許可なく入場禁止（掲示の文句）

☆ submit［サブミット］「sub（下へ）：mit（送る）→〜の下に置く、従わせる」

他動 服従させる、提出する

submit oneself to　〜に服従する

You must submit your report to me by tomorrow.

あすまでに報告書を私に提出しなさい。

emit［エミット］「e＝out（外へ）：mit（送る）→発する」

他動 発する・出す

A volcano emits smoke and ashes.　火山は煙と灰を吹き出す。

emission［エミション］

名 発散

transmit［トゥランスミット］「trans（向こうへ）：mit（送る）→送る」

141

他動 送る・伝える

transmit news by wire　電信でニュースを伝える

──★ transmission [トゥランスミション]

名 伝達・伝送

transmission of heat　熱の伝導

☆ mission [ミション]「送られたものの意」

名 使節団、使命

a trade mission　貿易使節団

one's mission in life　一生の使命

──★ missionary [ミショネリ]

名 宣教師、使節

形 伝道の・布教の

missionary work　伝道事業

──★ missile [ミサイル]

名 ミサイル・弾道弾、飛び道具

a missile base　ミサイル基地

──★ commissioner [コミショナ]

名 委員・理事・長官

a chief commissioner of police　警視総監

──★ commitment [コミトメント]

名 委託、公約

──☆ commission [コミション]

名 委任、委員会、委託手数料（コミッション）

commission sale　委託販売

the Atomic Energy Commission

（米国）原子力委員会

a commission of 20 percent on all sales

made　全販売高に対する20%の委託手数料

● 著者プロフィール

小林一夫

1938年東京生まれ。日本学園中学校、開成学園高等学校を経て、東京大学教育学部、東京都立大学人文学部卒業。
大手化学メーカーを退職後、川村記念美術館、華服飾専門学校、華ビジネス専門学校、日本スクールシステム機構を経て、IIE(目標達成型セルフコーチング)インストラクター。
千葉県習志野市在住。
趣味は社交ダンス(ブラインドダンスコーチ)、ボーカル、囲碁、ビリヤード、スポーツ全般(野球、テニス、卓球、ハレーなど)。

● 主なる著書
『カタカナ語で覚える重要英単語2000』講談社α文庫／電子書籍にて配信中
『カタカナ語で覚える重要語源200・重要単語1800』
　東京図書出版会／電子書籍にて配信中
『野球ファンのための面白くてタメになる英単語読本』文芸社
『音楽から学べるらくらく英単語読本』パレードブックス

得意を活かす英単語帳シリーズⅡ
for スポーツファン・体育会系学生
スポーツから学べるらくらく英単語読本

2021年2月12日　第1刷発行

著　者　小林一夫
　　　　こ ばやしかず お

発行者　太田宏司郎
発行所　株式会社パレード
　　　　大阪本社　〒530-0043　大阪府大阪市北区天満2-7-12
　　　　　　　　　TEL 06-6351-0740　FAX 06-6356-8129
　　　　東京支社　〒151-0051　東京都渋谷区千駄ヶ谷2-10-7
　　　　　　　　　TEL 03-5413-3285　FAX 03-5413-3286
　　　　https://books.parade.co.jp

発売元　株式会社星雲社（共同出版社・流通責任出版社）
　　　　　　　　　〒112-0005　東京都文京区水道1-3-30
　　　　　　　　　TEL 03-3868-3275　FAX 03-3868-6588

印刷所　創栄図書印刷株式会社